Johannes Allgäuer

HERZENS – ENERGIE

SPIRITUELLER RATGEBER FÜR MEHR LEBENSKRAFT

Impressum:

© 2024 Johannes Allgäuer

Herstellung und Verlag: BoD – Books on Demand, Norderstedt

ISBN: 978-3-7597-1476-3

2. Auflage, 2024

Vorwort:

Nun, die Idee zu diesem Buch ist auf interessante Weise geboren worden.

Ich ging schon ein paar Jahre mit der Idee „schwanger", ein Buch zu veröffentlichen, dass einfach zu lesen und nachzuvollziehen ist.

Die Ideen dafür sammelte ich in meinem Kopf in einer Schublade.

Ich nenne sie einmal „Schublade 9". Warum ich das jetzt hier erzähle?

Nun, weil „Schublade 9" jetzt geöffnet wird und der geneigte Leser nun weiß, wie ich es meine. Jetzt kam, der Moment, an dem „Herzens-Energie" geboren wurde. „Hebamme" dafür war Vroni, eine Freundin von uns. Sie motivierte mich, „Schublade 9" mal hervorzuholen, alles fein säuberlich zu sortieren und es dann in eine Buchform zu packen.

Viele Beispiele sind zwar aus meinem Erlebten, könnten aber genauso gut von jedem von euch, liebe Leser, stammen! Deshalb habe ich dieses Buch für dich, ja dich, den Leser geschrieben! Ich habe das Gefühl, jeder von euch ist mir dann nah, wenn er dieses Buch liest, deshalb ist dadurch schon eine gewisse Vertrautheit aufgebaut! Und Menschen, die ich mag, duze ich in der Regel! Wenn ihr also beim Lesen dieses Buches, dass eine oder andere Mal ins Schmunzeln kommt…

Es ist erwünscht und beabsichtigt! Helfen kann man nur mit Liebe und zwar mit der Liebe des Herzens! Davon hat uns der liebe Gott in diesem Leben eine Menge von mitgegeben und wir sollten es auch nutzen!

Denn Freude, Lachen, Frieden im Herzen und positives Denken sind die ersten Grundsteine auf der Weg der positiven „HERZENS-ENERGIE" !

HERZlich, Euer Johannes Allgäuer

Ja, das war 2009…. Lang ist es her! Mein Vertrag mit dem Buch endete damals nach einigen Jahren. Auf Wunsch veröffentliche ich das Buch wieder mit einigen Aktualitäten, die sich im Laufe der Zeit ergeben haben.

Inhaltsverzeichnis:

KAPITEL 1: „HERZENS-ENERGIE" aufbauen, durch Symbole und Talismane

Symbole sind ein wichtiger Aspekt des menschlichen Lebens!

Die Menschen kannten immer schon Symbole und wussten sie auch einzusetzen, denn sie spürten, das diese ihnen Kraft gaben! Da ich dieses Buch „Herzens-Energie" genannt habe, möchte ich auch mit dem wichtigsten Symbol anfangen:

Dem Herzen! Das Herz als Symbol kennt jeder!

Doch die Bedeutung dessen, ist vielen nicht bekannt, geschweige denn, wie man mit einem Herz Symbol Energie tanken kann! Ich möchte euch jetzt einmal die sieben wichtigsten bekannten Symbole hier vorstellen und wie ihr damit Energie gewinnen und bekommen könnt. Das Herz, Die Sonne, das Ypsilon, das gleichschenklige Kreuz und natürlich die Spirale. Beginnen wir natürlich mit dem Herz:

DAS HERZ

Damit eine Energie für euch fließen kann, solltet ihr diese Symbole in irgendeiner Form tragen. z.B. als einen Talisman. Ein Talisman hat den Vorteil, dass er eine Einheit mit seinem Träger in der Regel eingeht, wenn dieser an ihn glaubt und ihn gut beschützt. Der Schutz basiert dann sozusagen auf Gegenseitigkeit. Doch dazu später…

Es gibt viele schöne Edelsteine die man in Herzform kaufen kann. Es reicht aber auch, wenn das Herz aus jedem anderen Material ist, welches euch gefällt! (Fühlt mal in das folgende Energiebild hinein, was ich mit Glasnuggets gelegt habe)

Schöne, wie die Energie strahlt, gell?

Aber der wichtigste Aspekt bei eurer Herzenswahl ist: Es muss euch gefallen! Lasst euch nicht einfach etwas aufschwatzen, wie man so schön sagt, sondern es sollte tief aus eurem Inneren kommen, dass es euch gefällt!

Habt ihr jetzt so ein Herz als Talisman für euch entdeckt, dann nehmt es liebevoll in die Hände und reibt es ein bisschen. Fühlt es sich schon warm an? Einige werden jetzt vielleicht nicken. Ein gutes Zeichen! Die Symbiose zwischen euch beginnt bereits! Habt ihr das Gefühl das irgendwelche alten Energien vom Verkäufer oder Hersteller etc. noch an dem Herz hängen, dann nehmt es in die Hand und sagt einfach:

„Ich puste jetzt symbolisch alle alten Energien weg! **JESUS CHRISTUS IST SIEGER**"

Dann pustet ihr liebevoll über das Herz und jetzt ist es ohne „Altlasten" und rein und frei für euch! Je mehr ihr daran glaubt, dass es klappt, je einfacher gelingt es! Jetzt möchte ich euch noch verraten, welche Energiegewinnung ihr durch so ein Talisman Herz habt. Einmal besteht die Möglichkeit, es vielleicht um den Hals zu tragen, da es dafür gemacht wurde oder als Handschmeichler in der Hosentasche…

Ist es ein Stoffherz bekommt es womöglich im Auto auf dem Armaturenbrett seinen Stammplatz oder zum Kuscheln mit im Bett…

Da sind euch keine Grenzen gesetzt! Doch jetzt zur Energiegewinnung: Das Herz symbolisiert die Liebe und die reine Lebensenergie! Weiterhin ist das Herz das Symbol für die Ausdauer und das unermüdliche Ausdauer-vermögen, denn das Herz im Körper darf nie aussetzen, sonst ist das Leben schnell vorbei! Wenn man dieses jetzt weiß und sich daran erinnert, dann bekommt man viel „Herzens-Energie" über den Talisman! Jetzt kommt aber noch ein Geheimtipp von mir, wie ich die Energie zu oder mit eurem Talisman für euch speziell verstärken könnt:

Ihr legt euer Talisman Herz zwischen eure Hände und sprecht folgendes Gebet:

„Lieber Gott, ich bitte Dich, segne dieses Herz und fülle es mit Energie, damit es mich schützt. Danke, lieber Vater im Himmel! So ist es und so sei es! JESUS CHRISTUS IST SIEGER! JESUS CHRISTUS IST SIEGER, JESUS CHRISTUS IST DER SIEGER!"

Nachdem ihr das innig mit voller Inbrunst gesprochen habt, ist der Herz-Talisman aufgeladen und schützt euch einerseits und spendet euch Herzens-Energie. Schön, gell?

Hier noch zwei HERZEN (als Tipp)

Nr. 1 zeigt euch das Lebkuchenherz (sehr beliebt auf einer Kirmes oder dem Jahrmarkt) und Nr.2 das Kerzenlicht Herz… (so etwas ist auch sehr romantisch und schön und kann auch für sich selber aufgestellt werden…)

Nachdem ich jetzt sehr ausführlich auf das Herz als Talisman eingegangen bin, möchte ich bei den anderen sechs erwähnten Symbolen nur die Schutz und Energiefunktion erklären. Zu handhaben ist es dann genauso wie beim Herz-Talisman.

DIE SONNE

Sie ist auch ein sehr beliebtes Schutzsymbol und kommt auch als Talisman, Energiespender und Kultzeichen häufig zur Geltung!

Viele Kulturen haben die Sonne als höchsten Gott angebetet.

Das machen wir nicht, aber die Energie, der wärmenden, wohltuenden Sonne, nutzen wir schon.

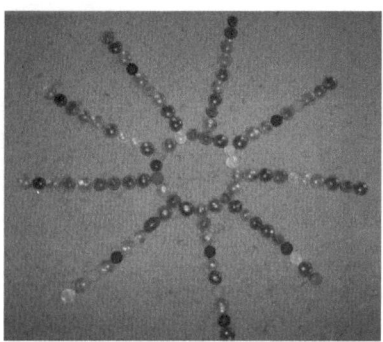

(Dieses Sonnensymbol so gelegt, strahlt wunderbare Heilenergie aus)

Wir wissen, dass ohne die Energie der Sonne und ihrer Wärme, die wir hier auf der Erde spüren, ein Leben nicht möglich wäre. Die Sonne hat sozusagen den Lebenstakt vorgegeben. Schon die ersten Ackerbauern haben sich nach der Sonne gerichtet und da sie in immer gleicher Reihenfolge wiederkehrt, kann man also von einer ausdauernden Energie sprechen. Auch ist es so, dass wir Menschen eine gewisse Standhaftigkeit benötigen, um unser Leben zu meistern und auch dafür steht die Sonne als Symbol. Dann natürlich die Wärme, die in den ganzen Körper wohlig weich kriecht und uns Menschen glücklich macht. Dazu kommt ihre enorme Größe und dadurch, dass das Leben nur mit ihr floriert, alles wächst und gedeiht, auch die Vitalität die der Mensch braucht, um alt zu werden. Fassen wir kurz zusammen: Wer sich für das Sonnensymbol als Talisman entscheidet bekommt als Energie von ihr:

Vitalität, Lebensenergie, Wärme – welche natürlich auch ins Herz geht und wir wieder bei der „Herzens-Energie" angelangt sind, Ausdauer, Durchhaltekraft, eine bestimmte Größe und nicht zu vergessen die Standhaftigkeit. Wie der Talisman aufzuladen ist, habe ich beim Herz ja detailliert erklärt.

DAS YPSILON

Das Ypsilon als Symbol

Den Buchstaben Y kennt jeder, der in der
Schule war und schreiben gelernt hat.

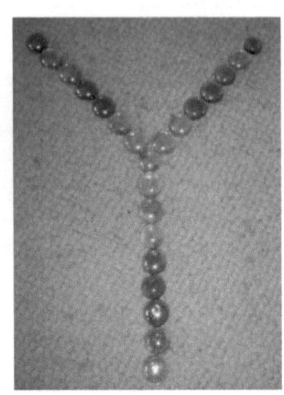

Das der Buchstabe YPSILON aber
Heilenergien aussendet, wissen wohl die
wenigsten unter euch.

Eigentlich ist es dem berühmten „Ötzi-
Mann" zu verdanken, dass wir bestimmte
Symbole wieder entdeckt haben.

Erich Körbler, der Wiederentdecker bestimmter Heilungszeichen,
untersuchte die Ötzi Mumie und fand interessante Tätowierungen an
bestimmten Stellen auf seinem Körper. Er erforschte die Symbole und
entdeckte, dass sie Energien in positiver Art hervorriefen und auch negative
Dinge, wie Blockaden, Schmerzen oder auch Traumas umwandeln konnten.
Er fasste diese Zeichen zusammen und ich werde diejenigen hier vorstellen,
welche schnell positive Energien bei allen Lebensformen bringen können.
Und wenn ich Lebensformen meine, sind selbstverständlich auch Tiere,
Pflanzen, Bäume aber auch die Erde, als Lebensform, gemeint.

Wie das funktioniert, berichte ich euch jetzt: Nun, das Ypsilon ist zuerst
einmal ganz einfach zur Energiegewinnung zu benutzen: Ihr stellt euch
gerade hin, atmet normal weiter und streckt die Arme zuerst in die Höhe und
spreizt sie dann soweit, dass euer ganzer Körper die Form eines Ypsilons
einnimmt. Am Anfang ist diese Methode vielleicht noch etwas
gewöhnungsbedürftig, aber schon bald werdet ihr feststellen, dass in dieser
Stellung viel Energie in euren Körper fließt! Das Y-Zeichen kann sowohl
ganz normal als auch umgekehrt verwendet werden.

Plagt beispielsweise einen Menschen Wasser im Körper, also sind die Beine
gestaut und das Wasser will nicht abfließen, sollte man das Y-Zeichen
verkehrt herum, also mit der „Gabel" nach unten jeweils auf die Stelle

malen, wo das Wasser im Fuß oder Bein sich staut. Prinzipiell ist es aber auch möglich, das Y-Zeichen richtig herum aufzuzeichnen, da es vielfältige Funktionen hat. Das lässt sich am besten mit einem Pendel oder Tensor austesten. Ich habe einfach ein Ypsilon auf die Wand gemalt und schon wurde die Energie des gesamten Raumes verstärkt. Dann malte ich ein Bild mit Acrylfarben. In der Mitte ein Ypsilon. Dieses Bild hängt mir jetzt gegenüber an der Wand und strahlt dauerhaft positive Energie aus. Das Y-Zeichen lässt sich also gut in die Energiegewinnung mit einbeziehen. Ich entdeckte in einem kleinen Laden, der alle Buchstaben als Anhänger für den Schlüsselbund hatte, auch ein Ypsilon. Spontan kaufte ich es und jetzt hängt es unterhalb meines Spiegels im Auto und gibt so auch diesem permanent positive Energie ab.

DAS GLEICHSCHENKLIGE KREUZ

Das gleichschenklige Kreuz ist ein Symbol, dass deine Energien bei dir behält und keine fremden Energien hineinlässt, weder positive noch negative Energien. Es ist ein Schutzsymbol. Vor allem gegen Energievampire, denen ich ein eigenes Kapitel widme. Du wirst jetzt vielleicht fragen, warum das gleichschenklige Kreuz jetzt Energie gibt. Ganz einfach: Es schützt dich und bewahrt dir Energie. Solltest du eine Wasserader oder Erdstrahlen etc. unter deinem Schlafplatz haben, legst du einfach ein oder mehrere dieser gleichschenkligen Kreuze dort hin. Diese gleichschenkligen Kreuze haben eine starke abschirmende Funktion. Ihr dürft jetzt nicht glauben, dass die

9

Wasseradern, Kreuzungen, Erdstrahlen etc. dadurch eliminiert werden, denn das geht nicht, aber sie werden so umgewandelt, dass sie dem Menschen nichts mehr anhaben können. Dadurch sind gleichschenklige Kreuze indirekt Energiebringer, denn sie verhindern dass du Energie verlierst. Und da dein Herz seine Freude daran hat, dass es dir gut geht, fließt jetzt auch wieder „Herzens-Energie"!

DIE SPIRALE

Die Spirale gibt es sowohl rechtsdrehend als auch linksdrehend! Sie ist ein uraltes Symbol, das schon die frühesten Kulturen verwendeten! Da dieses Symbol schon überall in der Schöpfung auftaucht und ebenso in der Pflanzenwelt, wie z.B. auf der Erde im Schneckenhaus. Sehr verbreitet sind auch Kräuterspiralen im Garten. Ich ging früher öfters über alte Friedhöfe und schaute mir die verschiedensten Symbole und Ornamente an. Interessant ist es, wenn der Friedhof alt ist und die Gräber bzw. Grabsteine ebenso. Dort sieht man oft Spiralmuster. Auch in Kirchen, alten Tempeln oder auf Säulen finden wir Spiralen. Mit einer Spirale können wir entweder Energie hineingeben oder sie herauslassen. Eine Spirale die von innen nach außen geht, lässt etwas hinaus und andersherum geht Energie hinein. Die rechtsdrehende Spirale (also von innen nach außen) ist das Zeichen der Schöpfung Gottes, denn von innen aus verbreitet sich alles nach außen. Das Licht, die Energie, das Leben etc. sind hier gemeint. Die linksdrehende Spirale wiederum, (die von außen nach innen geht), ist als Zeichen der Einheit mit Gott, der Rückkehr ins Vaterhaus zu sehen, denn von außen führt der Weg wieder direkt in die Mitte. Wie ihr seht, haben beide Spiralen ihren Sinn und Zweck und dienen als Energiebringer. Wer schon einmal Kräuter in eine Kräuterspirale gepflanzt hat oder sich selber liebevoll bemühte, eine Kräuterspirale anzulegen, der weiß, was nicht nur im Boden passiert, sondern auch mit einem selber. Man wird mit Energie aufgeladen! Und das passiert selbstverständlich dann auch mit den Kräutern selber. Sie haben eine ganz andere Energie, als wären sie „normal" eingepflanzt worden…

In einer Spirale ist immer alles gleichzeitig enthalten. Beide Seiten strahlen Energie aus. Alle Spiralen sind eigentlich immer rechts- und linksdrehend.

Das bedeutet, dass in ihnen sowohl Polarität, als auch das Gegenteil der Nichtpolarität vorhanden ist. GottVater hat die Schöpfung in Spiralform angelegt, die einmal nach außen geht und anderseits wieder zurück in die Mitte findet, in die Einheit, ins Vaterherz! Wo wir wieder bei der „Herzens-Energie" angelangt sind...

Ich möchte euch eine einfache Übung empfehlen, bei der ihr euch immer wieder mit Energie aufladen könnt! Solltet ihr in der glücklichen Lage sein und einen Garten besitzen, so sucht euch doch ein Eckchen, wo ihr ungestört diese Übung machen könnt: Sammelt euch viele Steine und fangt dann an, von innen nach außen beginnend, eine Spirale aus Steinen zu legen. Ob ihr jetzt eine links- oder rechtsdrehende legt, bleibt euch überlassen!

Versucht dabei, in etwa die Abstände zwischen den Steinen einzuhalten. Dann funktioniert sie nicht nur, sondern sieht auch optisch für das Auge noch gut aus...

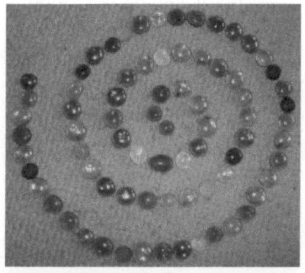

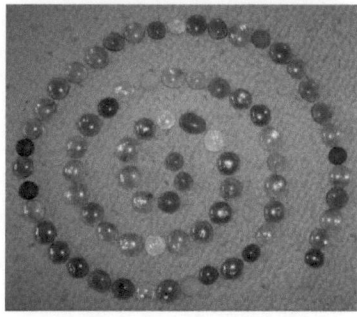

Ich habe mal eben schnell 2 Spiralen mit Glasnuggets gelegt und beide Varianten besitzen Energie! Haltet einfach einmal eure Hand (egal welche) über die beiden Bilder. Es wird warm, fängt an zu kribbeln oder irgendeine andere Resonanz spürt ihr! Das sind positive Energien, die von Spiralen ausgehen! Ganz einfach zu erstellen, gell?

Wer also mangels Garten ein Plätzchen sucht, um Energie aufzubauen mittels Spiralen, kann es auch wie ich auf dem Teppichboden tun. Kinder lieben es mit Kreide Spiralen auf Straßen oder Bürgersteige zu malen. Stellt auch dann mal in die Mitte und spürt: Dort fließt gute Energie!!! Lasst eure Kinder also ruhig kreativ sein! Übrigens: Eine wunderschön gelegte große Spirale aus Steinen im Garten ist auch optisch ein „Hingucker" und macht was her! Übrigens wirkt sich so eine Spirale in der Natur auch als Erdheilungshilfsmittel aus! Permanent fließt heilende Energie dadurch in die Erde, aber auch in den Himmel, denn Spiralen wirken in beide Richtungen! Es fließt über eine Spirale, die von Herzen kommt, viel heilende Herzens-Energie… Wobei wir wieder beim Thema des Buches und auch des Lebens sind:

„HERZENS-ENERGIE" FLIESSEN LASSEN…

Doch kommen wir jetzt im nächsten Kapitel zu den Heilkräften der Farben…

2. Kapitel : Die Heilkraft der Farben und wie wir daraus Energie gewinnen können...

Jede Farbe hat eine besondere Energie! Da ich nicht nur Autor bin, sondern auch spirituelle Bilder male, haben mich Farben immer schon fasziniert! Beginnen möchte ich mit den Farben des Regenbogens, also dem GELB, GRÜN, BLAU, VIOLETT, ROT und ORANGE. Der Regenbogen hat von altersher die Menschheit fasziniert! Auch er sendet positive Energien aus, doch dazu später... Beginnen wir mit der Farbe GELB:

Die gelbe Farbe: stärkt die Nerven, ist verdauungsfördernd und regt den Magen an. Weiter verbessern sich die Fließeigenschaften des Blutes, regt den Kreislauf an, und es kann mehr Harnflüssigkeit den Körper verlassen. Das ist sowieso ein Problem der Männer...

Viele der „Mannsbilder" erledigen „ihr Geschäft" im Stehen und wissen gar nicht, dass sie sich damit nichts Gutes antun, denn nur im Sitzen wird die Blase auch vollkommen entleert. Im Stehen eben nicht... *(ich sehe schon die Frauen jetzt diesen Satz lesen und voller Freude aufspringen und ihrem Mann das Buch unter die Nase halten und sagen: „Siehst du's hier, Schatzi... Der Johannes, also auch ein Mannsbild, der sagt wie es richtig geht! Im Sitzen machen... Nicht im Stehen!")*

Wird dieses GELB jetzt mit GRÜN gemischt, so hilft es: den Knochenaufbau zu stärken und regt das Gehirn positiv an. Möchte man das gelbe Licht der Heilkraft der Sonne aufnehmen, müssen die Augen geschlossen bleiben und man sollte nicht direkt (trotz geschlossener Augen) in die Sonne sehen! Ich möchte zu jeder Farbe auch die Bedeutung der Farbe in der Aura nennen: Reines, schönes strahlendes GELB bedeutet: dieser Mensch besitzt einen starken Geist, sozusagen einen starken Intellekt. Sieht dieses Gelb schon fast golden aus, bedeutet das: Dieser Mensch hat die geistige Kraft sehr stark in sich. Er ist ein Heiler und hat das weltliche Gedankengut schon überwiegend abgelegt. Ist die Aura voller Gold bedeutet es, dass dieser Mensch die bedingungslose Liebe zelebriert und die CHRISTUS-Energie in sich hat. Ist das GELB aber in einem schmutzigen, dreckigen Zustand bedeutet es: Dieser Mensch ist verschlagen, meistens auch habgierig und kann unter Umständen auch recht überheblich darstellen und sein Licht sozusagen in seine Sonne rücken, die dann aber nicht strahlendhell leuchtet, sondern schmutziggelb… Zeigt die Aura hingegen ein SAFRANGELB an, bedeutet dies, dass der Mensch in allen Belangen eine sehr hohe Spiritualität aufweist. Ist das Gelb eher ganz hell, fast wie ein LICHTES GELB, so hat dieser Mensch eine starke, heftige Gehirnaktivität und die mentalen Eigenschaften herrschen vor. Brauchst du jetzt ganz schnell Energie, wird dir eine gelbe Farbe kurzfristig schon Energie spenden.

Kommen wir zur Farbe GRÜN:

Grün ist die Farbe der Hoffnung, der Gesundheit, des Wachstums, hat die Gabe zu desinfizieren, tötet dadurch Bakterien ab und bildet neues Gewebe und neue Muskeln auf. Zudem hat grüne Farbe eine ausgleichende Funktion bei folgenden Körperproblemen: Melancholie, Panik, übertriebene Eile, wenn die Nerven zu sehr gereizt und überspannt sind, wobei das Chlorophyll, (**dazu mehr am Ende des Buches**), also das Blattgrün weiter auch noch gut ist bei: einsetzender Arterienverkalkung, beginnenden grippalen Effekten und bei beginnendem Rheuma. Da hilft auch eine Farblichttherapie! Ich möchte jetzt wieder die Bedeutung der grünen Farbe in der Aura erklären: Ist das Grün ein wunderschönes, klares SMARAGDGRÜN, so ist das die Farbe des Herzens und die Farbe der Heilung, aber auch die Liebe zu allem Schönen! Ist es eher ein HELLES GRÜN bedeutet es eine tiefe Verbundenheit mit der Natur und eine unbändige Lebensfreude in und mit der Natur! Reine Grüntöne in der Aura symbolisieren immer Frieden und Harmonie. Sollte das Grün jedoch so richtig schmutzig sein, ist ein Missklang sichtbar, der auf Eifersucht, Habgier, Neid, falsch Reden oder auch Täuschung und Egoismus hindeutet. Wie ihr seht, ist die Farbe GRÜN aufbauend und gut für ENERGIEGEWINNUNG einzusetzen!

Kommen wir jetzt zur Farbe <u>BLAU</u>

Die Farbe Blau kommt in der Natur nicht so häufig vor wie Grün, hat aber trotzdem eine enorm wichtige Rolle! Wer die Farbe Blau mag, hat im Grunde seines Herzens einen guten Charakter! Blau steht für Spiritualität, tiefe innere Religiösität, aber auch für die Heilung und die Hingabe, teilweise bis fast zur Selbstaufopferung, was aber nicht Sinn und Zweck ist. Hellblau zeigt Verliebtheit, Leichtigkeit oder auch manchmal Naivität an. Andererseits hilft blaue Farbe auch beim Abnehmen. Ihr benötigt dafür eine Badewanne mit Lichttherapie. Während des Badens sollte permanent blaue Farbe im Wasser sein. Das Bad sollte sehr heiß genommen werden, ähnlich einem Schwitzbad. Es kann bis 60 Minuten dauern und fördert das Abnehmen bei Übergewicht und Fettsucht. Es hilft, Fettzellen abzubauen. Habt ihr beispielsweise vereiterte Stellen am Körper könnt ihr sie auch gut mit Blaulicht bestrahlen. Nachdem der Eiter gewichen ist, aber mit Infrarot weiter bestrahlen! Bei Augenentzündungen bitte auch die blaue Lampe nehmen. Habt ihr kein Farblichttherapiegerät, so besorgt euch eine Infrarotlampe. Dazu passend gibt es auch Birnen in den verschiedensten Farben. Eine preiswerte Lösung! Jetzt möchte ich wieder die Farbe Blau in der Aura kurz erklären: Ist das Blau sauber und von „normaler" Farbe, so deutet es auf tief verwurzelte Spiritualität, Heilerfähigkeiten, gute Intuitionsgabe, aber auch die Fähigkeit, Dinge von „oben" her zu sehen und Probleme lösen zu helfen. Ist es ein tieferes Blau, sind die Fähigkeiten noch verstärkt! Ein KRÄFTIGES BLAU in der Aura zeigt: Ehrlichkeit, große Offenheit für alles Geistige und Geradlinigkeit. Hingegen ein dreckiges, schmutziges Blau in der Aura ein Zeichen für einen Hang zur Dunklen Seite ist oder dieser Mensch wird von dunklen Wesen überschattet. Dass dreckige Blau ist dann aber noch mit Schwarz durchsetzt. BLAU ist also eine Farbe, die viel Gutes vollbringen kann!

Kommen wir zum VIOLETT:

Die violette Farbe ist besonders in der esoterischen und spirituellen Szene sehr verbreitet und hat auch passende Bedeutungen dazu. Doch jetzt im Einzelnen: Esoterisch und spirituell interessierte Menschen fühlen sich zu dieser Farbe fast „magisch" hingezogen. Die violette Farbe hilft bei Schwächezuständen, aber überwiegend bei Frauen. Männer sprechen darauf nicht so gut an. Hingegen Pferde, die mit violettem Licht bestrahlt werden, so ruhig sind, dass sie sich sogar freiwillig hinlegen. Violettes Licht lässt auch Schweine ruhiger werden, sie wachsen besser und gedeihen üppiger und doch friedvoll in ihrer Gesamtkonsistenz. Violette Farbe hat auf viele

Menschen eine beruhigende Wirkung. Kommen wir wieder zur Deutung der violetten Farbe in der Aura: Die reine saubere violette Farbe zeigt eine hohe Spiritualität an, einen gelebten Edelmut, aber auch eine fast große Opferbereitschaft, wenn der Mensch glaubt, in seiner Berufung für seinen Glauben aufzugehen. Ist das Violett hingegen von heller Natur, zeigt es eine starke Selbstlosigkeit an. Der Mensch geht in seinem Glauben auf. Einzig, wenn das Violett dreckig ist (meistens mit gelb oder Ocker vermischt), zeigt es dass der Weg, den er spirituell geht, nicht durch die Liebe zum Schöpfer entstanden ist, sondern kopfgesteuert und durch zu viel Lesen und zu wenig Praxis, oder ein leichtfertigen Hingabe zu okkulten Dingen! Die violette Farbe ist eine wunderbare Möglichkeit, sich geistig weiter zu entwickeln! Wenn man sie jetzt noch in Verbindung mit kräftigem Blau, Weiß und Gold einsetzt, wird man geradezu mit Energie durchflutet!

Als nächste Farbe kommt ROT an die Reihe:

Bei Rot scheiden sich bekanntlich die Geister! Die Einen mögen sie und die Anderen lehnen sie kategorisch ab! Die rote Farbe bedeutet, dass viel Energie fließt! Sie steht für pure (leidenschaftliche) Energie! Aber auch für Tatkraft, Aktivitäten jeder Art und ungebremste Lebensfreude und Optimismus! Menschen, die gerne knallrote Sachen tragen, sprühen nur so vor Lebensfreude! Möchtest du also Energie aufbauen, nehme dir rote Dinge und lass sie auf dich wirken! Menschen, die aber fast immer rot tragen, sind auch meistens der Herr im Hause und kommandieren und befehlen herum! Das ist die Kehrseite der Medaille... Auch hier möchte ich die Bedeutung der Farbe Rot in der Aura kurz erklären: Ähnlich, wie es im „wahren Leben" ist, zeigt auch das Rot in der Aura einen Menschen voller Tatendrang, der nur so vor Energie sprüht. Es kann gut sein, dass dann eine „Sportskanone" vor euch sitzt! Ihr müsst aber damit rechnen, dass diese Person euch gleich herumkommandiert und gleich die Machtverhältnisse klar macht! Diesen „Rot Typen" begegne ich im esoterischen Bereich immer öfter. Sie sind zwar gerne spirituell und lieben Bücher darüber zu lesen, aber das Sagen lassen sie sich nicht aus der Hand nehmen. Solange das Rot in der Aura klar und rein ist, weiß man sofort, wen man vor sich hat, wird das Rot allerdings trübe oder schmutzig, muss man etwas aufpassen, denn sie sind oft leicht zu erregen, egoistisch und sehr oft nur allzu kleinlich in ihrem Denken und

Handeln. Menschen die von Geiz gepackt wurden, haben eine rostrote Aura! Also: Die rote Farbe gibt schnell Energie, aber zu viel vom Rot tut auch nicht gut. Lieber leicht und beschwinglich ins Herzerl fließen lassen, dann ist´s die bereits vielfach bekannte „Herzens-Energie".

Jetzt kommt die letzte Regenbogenfarbe dran, das <u>ORANGE</u>:

Die orange Farbe gefällt mir sehr gut und ich benutze sie oft!

Da ich kein Fußball Fan bin, fällt mir bei Fußball Veranstaltungen nicht allzu viel auf, außer die Holländer in ihren knall orangen Kleidungsstücken! Denn: Orange steht für die geballte Lebenskraft, wunderbare Gesundheit und Kraft im Allgemeinen! Wenn dich eine leuchtende Orange (Apfelsine) so anstrahlt oder eine leckere Mandarine…

Wer kann da schon nein sagen…

Aber die einzige Nebenwirkung des Orange ist, dass zu viel Orange einen übermütig machen kann…

Wenn wir uns jetzt Orange in der Aura ansehen, so bedeutet dies: Der Mensch hat eine natürliche Heilkraft in sich, was resultiert aus der körpereigenen Vitalität und Gesundheit. Zudem paart sich noch gebündelte Lebensenergie! Orange in extrem kräftiger Form bedeutet einen stets guten Willen zuhaben, sehr loyal zu sein und stets darum bemüht zu sein, Gutes zu tun…

Passt irgendwie auf die holländischen Fans und auch auf die Buddhisten, die ständig in Orange herumlaufen…

Der negative Aspekt ist eine leichte Egomanie…

Jetzt könnt ihr regelmäßig etwas oranges tragen, dass baut euch auf! Ich habe mal einen Test gemacht und normales Quellwasser, das kein Heilwasser war, der Reihe nach, auf die Farben gestellt. Was glaubt ihr, geschah? Das Wasser hat die jeweiligen Energien, die ich vorhin beschrieben habe, angenommen! Bei rotem Wasser war ich sofort aufgedreht und hätte Bäume ausreißen können, bei orange war ich gebündelte Lebensenergie usw. usf.

Also, probiert es aus! Geht einfach in einen Bastelladen oder gut sortierten Supermarkt und kauft euch farbiges Papier in den erwähnten Farben und ladet euer Wasser auf! Ihr werdet staunen!

So, dass waren die Regenbogenfarben und schließlich möchte ich euch noch die immens wichtige Farbe <u>WEISS</u> vorstellen!

Weiß ist die höchste Farbe, denn sie beinhaltet alle anderen Farben des Spektrums! Zur Aurafarbe Weiß möchte ich auch kurz etwas sagen: Da Weiß die höchsterreichbare Farbe aller Farben in der Aura ist und alle Farben miteinander vereint, ist es die Farbe der spirituellen Vollkommenheit, sozusagen, das „Nonplusultra", wie man so schön sagt. Das komplette Weiß ist die Energie des Christusbewusstseins, also die Energie, die nur sogenannte „Erleuchtete" oder sehr hoch sehende Wesenheiten erreichen. Mit etwas Weiß in der Aura sind viele Heiler ausgestattet. Es ist die höchste erstrebbare Farbe der Aura.

Nach dem Erklären der Farben, möchte ich euch jetzt in die Besinnlichkeit mitnehmen, genauer gesagt, in die Stille und euch erklären, welches Potential und wie viel Energie dort fließt…

3. Kapitel: Heilige Stille

Wir Menschen reden viel zu viel Belangloses! Viele Worte werden einfach nur der Worte wegen gesagt. Hört man sich einmal Gespräche zwischen Menschen an, so sind sie zwar meistens völlig verschieden, haben aber doch das gleiche Ziel: Man redet des Redens wegen! Ich weiß, dieser Satz ist etwas provokant, aber dennoch stimmt er! Wer von euch hat einmal versucht, einige Minuten schweigend da zu sitzen ohne zu sprechen und ohne zu denken! Ich weiß, ihr sagt jetzt: Ja, irgendwelche Gedanken hat man doch immer im Kopf...

Und genau darum geht es: Wir Menschen sind so voller Gedanken, Impressionen und Eindrücke, dass man gar nicht mehr weiß, was wahre Stille bedeutet! Stille ist ein Wort, das im Zeitalter des „Mega-Konsums" fast ein Fremdwort geworden ist. Die erste Übung, die ich mit euch machen möchte um zu mehr Energie zu kommen, ist die der Stille! Stille ist für die meisten Menschen ein Alptraum! Viele vergleichen Stille mit dem Tod! Das ist aber ein gewaltiger Irrtum! Stille ist das Hineinhorchen in die eigene Seele oder in den Herzschlag der Zeit. Stille heißt auch, Eins sein mit unserem Schöpfer, den ich immer liebevoll VATER nenne. Ich habe festgestellt, wenn wir es wirklich schaffen, in uns still zu sein, dass wir dann empfänglich sind, für all die wichtigen Eingebungen und Botschaften, die uns VATER durch seine Helfer, die Engel, sendet. Ich weiß, der Eine oder Andere sagt jetzt vielleicht (oder denkt es nur) „Aber ich meditiere doch!" Schon: Aber... Oh je, jetzt komme ich wieder zu dem Punkt, den viele sogenannte „Esoteriker" gar nicht mögen...

Die „Aber" Sätze... Denn dann werden sie meistens mit etwas konfrontiert, dass ihnen nicht „schmeckt"... Denn das Unterbewusstsein und auch das Ego sind beides träge Gesellen... Sie mögen keine Veränderung, müsst ihr wissen! In dem Moment aber, wo eine Veränderung droht, stellen sie ihre Ohren auf Durchzug, schieben den Gedanken der Veränderung schnell zur Seite... Kennt ihr das? Ich merke gerade, wie so ziemlich die meisten von euch nicken oder es verbal bestätigen. Ich möchte euch jedoch helfen, diese Stille kennenzulernen! Denn allein schon durch das Erreichen dieser Stille, bekommt ihr merklich mehr Energie! Na, ist das ein Anreiz es zu versuchen?

Schön! Lasst uns beginnen: Sucht euch einen Platz der für euch bequem ist! Schaltet euer Handy und alle störenden Gerätschaften aus (wie Telefon, Fernseher, Radio, laut tickende Uhren etc.)

Auf gut Deutsch: Bemüht euch, es in diesem Raum ruhig zu bekommen. Wir hatten mal eine Bekannte, die hatte es im Umfeld ihrer Wohnung so laut, dass außer mitten in der Nacht, es nie ruhig war. Der Frau machte ich den Vorschlag, in die Natur zu gehen. Ihr werdet jetzt vielleicht antworten: Aber da zwitschern die Vögel, rauschen die Blätter im Wind… Schon, aber… (Jetzt kommt der schon wieder mit seinem Aber…) In der Tat, aber diese Geräusche sind in der Regel Balsam für die Ohren! Habt ihr keine Möglichkeit bei euch, einen ruhigen Platz zu finden, geht in einen Wald oder sucht euch in der Natur ein lauschiges Plätzchen, an dem ihr ungestört seid!

Ein Bekannter von mir nimmt dann immer die Meeresbrandung als seinen Hafen der Stille. Jedem das Seine… Gut, jetzt haben wir also unseren Ort gefunden. Jetzt ziehen wir uns bequeme Kleidung an. Achtet auch darauf, dass es in diesem Raum weder zu warm noch zu kalt ist, denn bei Kälte, denkt ihr andauernd an etwas Warmes zum Anziehen oder zum Essen oder trinken etc.

Ist es zu warm, beginnt ihr zu schwitzen und eure Kleidung ist dann zu warm. Die Kunst ist, die richtige Temperatur zu ermitteln. Meine Versuche haben ermittelt, dass für die meisten Menschen 18-20 Grad Celsius die optimale Temperatur ist. So: Jetzt haben wir den richtigen Raum und wir tragen die optimale Kleidung: Als nächstes setzen wir uns auf einen Stuhl, Sessel oder in den Schneidersitz, ganz wie jeder mag! Nur sollte der Sitz nicht zu bequem sein, da die Gefahr besteht, während der „Stille-Energetisierung" einzuschlafen… Ich höre schon, wie einige von euch sagen: „Ja, das macht doch nichts…" Eigentlich macht das wirklich nichts, ist aber nicht das Ziel, das wir hier erreichen möchten…

Worauf ihr aber auch achten solltet ist, dass ihr zwar etwas gegessen habt, aber euer Bauch nicht schwer und voll von der letzten Nahrung ist, da es sich mit vollem Bauch bekanntlich auch nicht ruhig sein lässt, es sei denn man macht sein „Mittagsschläfchen"…

Ihr solltet vor der jetzt folgenden Übung etwa 1-2 Glas Wasser ohne Kohlensäure getrunken haben und noch die Toilette aufgesucht haben, da euch ein eventueller Harndrang auch nicht in der Stille bleiben lässt.

Meine Technik, die ich anwende, um die Stille zu erreichen, ist von keiner Religion, Sekte oder Weltanschauung abhängig. Ich habe alles selber gelernt, durch eigene Erfahrungen und habe festgestellt, dass es den anderen Menschen genauso gut tut, wie mir. Viele Dinge, die ich beschreibe, habe ich mir von der Natur abgeschaut und sie in unser Menschenbewusstsein nur umgesetzt, dass ist alles! Gut, jetzt kommen wir zum wichtigsten Teil!

Wir setzen uns etwa zwei Minuten bequem hin und denken an weiße Schäfchenwolken, wie sie vor unserem inneren Auge vorbeiziehen. Das ist leichter als Schäfchen zählen… Nach den zwei Minuten haben wir jetzt einige Wolken vorbeiwandern sehen. Die nächste Übung ist: Wir schieben mit unseren Gedanken einmal eine Wolke liebevoll an, damit sie schneller vorbeizieht. Wenn es nicht sofort klappt, kein Problem! Mit der Zeit, schafft ihr das schon! Ich sage euch, die meisten Menschen, denen ich diese Methode empfehle und beibringe, schaffen es in kürzester Zeit! So, wir schaffen es, die Schäfchenwolken liebevoll anzuschieben. In unserem Unterbewusstsein ist es jetzt drin, dass Wolken liebevoll zur Seite geschoben werden können. Ihr erinnert euch: Ich sagte euch eben, dass das Unterbewusstsein und das Ego recht „träge Gesellen" sind, die man erst einmal anschubsen muss und ihnen liebevoll die Dinge mehrfach sagen, bevor sie sich bewegen!

Und was glaubt ihr, was wir gerade machen? Richtig!

Durch das immer wiederholende liebevolle Anschieben der Wolken, suggerieren wir dem Ego und dem Unterbewusstsein, dass etwas geschieht! Es bewegt sich etwas! Wir suggerieren ihnen, dass wir alles, was uns stört, liebevoll zur Seite schieben können! Kommt jetzt ein Gedanke, so stellen wir uns vor, er geht liebevoll in unsere Schäfchenwolke und wir schieben ihn liebevoll zur Seite aus dem Bild heraus, das vor uns ist. Mit etwas Übung, schafft ihr es dann, jeden aufkommenden Gedanken, jede Frage, jedes störende Wort liebevoll zur Seite zu schieben, sodass ihr eure Stille beibehalten könnt! In der bewussten tiefen Stille ist Kraft! Und zwar nicht irgendeine Kraft, sondern reine Lebensenergie! Wenn ihr euch bewusst in der reinen Stille befindet, seid ihr direkt mit unserem Schöpfer verbunden! Viele haben vor dieser Situation Angst, deshalb meiden sie die Stille, da sie wie gesagt den Tod damit verbinden. Aber genau das ist es eben nicht! In der Stille seid ihr mit der höchsten Quelle verbunden, mit dem VATER! Gut! Ihr sitzt jetzt auf eurem Platz und versucht, in die absolute Stille zu kommen. Legt jetzt eure Hände auf euren Schoß und zwar mit den Handflächen nach oben. Das hat folgenden Grund: In den Fingerkuppen jeder Hand sind Sensoren eingebaut. Deshalb ist man dort auch besonders empfindlich und es tut besonders weh, wenn wir uns dort verletzen. Über diese Fingerkuppen können wir jetzt Energien wahrnehmen!Je mehr wir uns in die Stille begeben, je weiter sind wir mit der Energie des Vaters verbunden! Nun kann automatisch heilende Energien zu euch fließen!

Der VATER ist die reinste und stärkste Energie die es gibt und je mehr wir uns ihm annähern, desto mehr Energie bekommen wir aus sehr reinen immerwährenden Liebe zu uns, seinen Kindern! Sollten Bilder auftauchen, wenn wir tief in der Stille angekommen sind, die nicht aus eurem Unterbewusstsein sind, sondern einfach vor euch auftauchen, dann schaut sie euch an. Versucht aber jegliche Bewertung und Denkprozesse zu vermeiden…

Ich weiß, es ist schwierig, aber mit etwas Übung bekommt man das schon hin. Diese „Botschaften", sage ich einmal, sind eine Annäherung der geistigen Welt an euch und gleichzeitig eine stärker werdende Energie, die euch zeigen möchte, dass es noch andere Dinge und vor allem Welten gibt, als diese 3-D Matrix, die immer mehr von Konsum, Kommerz und Ablenkung von den eigentlichen Wahrheiten ist!

Wenn wir jetzt bereit sind, aus dieser „Matrix-Fassade", wie ich sie nenne, auszutreten und uns völlig der inneren Stille und damit dem Einssein mit dem VATER hingeben, werden wir feststellen, dass nicht nur immerwährende Energie fließt, sondern sich auch ein Glücksgefühl einstellt, dass mit nichts auf der Welt vergleichbar ist, da es diese Schönheit und Liebe in höchster Potenz ausstrahlt…

Kapitel 4: Energie fließen lassen, durch die Kraft der Affirmationen

Im zweiten Kapitel geht es jetzt darum, die richtigen Worte zu wählen, die euch keine Kraft rauben, sondern im Gegenteil: Euch Kraft zu schenken! Wenn ihr wüsstet, wie wenig bewusst die Mehrheit der Menschen einfach Worte benutzt ohne auch nur im Entferntesten darüber nachzudenken, was sie da eigentlich sagen und: manifestieren!

Ich schaue so gut wie nie fern! Für dieses Experiment habe ich mal einen Tag lang mir ganz bewusst das Fernsehprogramm angesehen und dabei durch die unterschiedlichsten Sendungen „gezappt", wie man heute modernerweise sagt. Aber schon das Wort „zappen", was von „to zap" kommt, hat schon verschiedene Bedeutungen. Das moderne „denglisch", also eine Mischung aus der „coolen" englischen Sprache und des „normalen" Deutsch, ist bei den jungen Leuten sehr beliebt…

Alles wird in englischer Sprache ausgedrückt, soweit es möglich ist. Auch die Art und Weise des Denglisch ist sehr verbreitet. „Ein Programm wurde downgeloaded" ist so ein typischer Ausspruch. „Ich habe die Mail gecancelt". Das sind zwei typische Ausdrücke aus der neuen Sprache, denglisch. Einmal sagte jemand zu mir: Ey Mann, dein Outfit ist aber voll abgespaced" Ich musste lachen und konnte mir vorstellen, was er meinte.

Ohne spießig zu sein, sollten wir trotzdem versuchen, uns der wahren Bedeutung der Worte im Klaren zu sein! Die erste Übung dieses Kapitels ist es, euch zu vermitteln, wie wichtig es wirklich ist, dass, was ihr sagt, in positiven, bejahenden Formulierungen zu sagen.

Beispiel: „Ich bin nicht krank" ist keine bejahende, positive Formulierung, sondern eine negative, verneinende. Denn was auf den ersten Blick positiv erscheint, ist es auf den zweiten Blick nämlich nicht! Der Grund dafür ist ein ganz simpler: Euer Unterbewusstsein und das Verstehen der geistigen Welt ist so ausgerichtet, dass bestimmte Worte in ihrem Sprach-Wortschatz einfach fehlen! „Nicht" ist eines dieser Wörter! Sage ich jetzt beispielsweise: „Nicht gibt es nicht" Würde das bedeuten, das Wort „Nicht gäbe es, da es dieses Wort nicht gibt." Ich weiß, schwer zu erklären, wenn man einige auslassen muss, die verneinend wirken oder dieses aussagen! Und jetzt zurück zu unserem Beispiel: Bei der Formulierung: „Ich bin nicht krank", versteht das Unterbewusstsein und auch unsere himmlischen Helfer „Ich bin krank". Sage ich das nur oft genug, richtet sich der Körper darauf ein, krank zu werden… Formuliere ich es aber richtig, müsste es heißen. „Ich bin gesund!" So, nachdem wir jetzt dieses Procedere hinter uns gebracht haben, kommen wir zum angenehmen Teil dieses Kapitels: Das Formulieren positiver Sätze, auch Affirmationen genannt!

Eine Affirmation ist eine wiederkehrende Bejahung von Etwas!

Ich füge jetzt einmal einige meiner Lieblings-Affirmationen an, die ich regelmäßig spreche und auch allen empfehle, die mich dazu fragen.

„ICH BIN GESUND"

„ICH LIEBE MEIN LEBEN"

„ICH BIN IN HARMONIE MIT MEINER SEELE"

„ICH AKZEPTIERE MICH SO WIE ICH BIN"

„ICH STRAHLE VON INNEN HERAUS POSITIVE ENERGIE AUS"

„ES GEHT MIR VON TAG ZU TAG IN JEGLICHER WEISE BESSER UND BESSER"

„ICH BIN JETZT BEREIT, ALLES ALTE LOSZULASSEN UND EIN NEUES LEBEN ZU BEGINNEN"

„ICH ENTSCHEIDE MICH JETZT BEWUSST FÜR EIN LEBEN IN VOLLER GLÜCKSELIGKEIT"

„ALLES WAS FÜR MICH VON GOTTVATER VORGESEHEN IST, TRITT JETZT NACH UND NACH IN MEIN LEBEN EIN"

„HEILUNG GESCHIEHT JETZT!"

„ICH BIN SCHLANK"

„ICH BIN IM FRIEDEN MIT MIR SELBST"

„ALLES IST GUT"

„MIT JEDEM BISSEN DEN ICH ZU MIR NEHME, NÄHERE ICH MICH MEINEM IDEALGEWICHT, BIS ICH ES ERREICHT HABE."

„ICH GLAUBE AN DIE KRAFT DER LIEBE"

„ICH VERTRAUE UNSEREM SCHÖPFER VOLL UND GANZ UND LEGE MEIN SCHICKSAL IN SEINE HÄNDE"

„ALLES GESCHIEHT IN VOLLENDETER GÖTTLICHER ORDNUNG"

„ES IST IMMER UND ÜBERALL EIN GÖTTLICHER ÜBERSCHUSS VORHANDEN"

„GOTTVATER IST DIE IMMERWÄHRENDE QUELLE MEINER VERSORGUNG UND DIESE FLIESST IMMER IN MEINEM LEBEN"

„ICH STRAHLE LIEBE, FRIEDEN UND HARMONIE AUF ALLE LEBENSFORMEN AUS"

„GOTTVATER REDET, DENKT UND HANDELT DURCH MICH"

„ICH BIN EIN KIND GOTTES UND IMMER SICHER BEHÜTET UND BESCHÜTZT"

„ALLE MEINE POSITIVEN ENERGIEN SENDE ICH JETZT LIEBEVOLL IN DIE WELT"

„ICH UMARME UND LIEBKOSE UNSERE ERDE VON GANZEM HERZEN, DA SIE UNS NÄHRT"

„ALLES GESCHIEHT NACH DEM GÖTTLICHEN PLAN"

„GOTTVATER MÖCHTE IMMER NUR DAS BESTE FÜR UNS"

„ICH STRAHLE AUS DEM HERZEN NUR NOCH POSITIVE ENERGIEN AUS"

„ICH BIN IN DER LAGE, MICH AB SOFORT NUR NOCH VEGETARISCH ZU ERNÄHREN"

„ICH BIN IN DER LAGE, MICH AB SOFORT NUR NOCH VEGAN ZU ERNÄHREN"

„ICH BIN FREI VON ALLEN WESEN, DIE MICH GEZWUNGEN HATTEN, ZU RAUCHEN" (sehr starke Affirmation für alle Raucher!)

„MEIN IDEALGEWICHT IST ….KG UND ICH WEISS, DASS ICH ES BALD ERREICHEN WERDE"

„DAS LEBEN IST WUNDERSCHÖN!"

„DAS LEBEN IST GERECHT!"

„MIT GELD KANN MAN VIEL GUTES BEWIRKEN!"

„ICH GENIESSE JEDEN SONNENSTRAHL, DER MEINEN KÖRPER BERÜHRT"

„ICH GENIESSE ES, DURCH DIE NATUR ZU WANDERN"

„ICH LIEBE MEINEN BERUF!"

„MEIN BERUF IST MEINE BERUFUNG!" (bei mir ist das der Fall!)

„ICH STRAHLE PERMANENT POSITIVE ENERGIE AUS UND ZIEHE DURCH DAS RESONANZGESETZ NUR ALLES POSITIVE AN!"

„FÜR ALLES GUTE DAS ICH SÄE, ERNTE ICH TAUSENDFACHEN LOHN"

„ICH DENKE NUR POSITIV ÜBER ANDERE"

„ICH WEISS, DASS ICH MACHT ÜBER MEINE GEDANKEN HABE.
ALLES WAS ICH POSITIV BEJAHE, WIRD ALS RESONANZ POSITIV
ZURÜCKKOMMEN!"

„ICH GEBE IMMER MEIN BESTES, EGAL WAS ICH TUE"

„ICH BIN MUTIG UND ÜBERWINDE MEINE SCHWÄCHEN"

„ICH VERTRAUE UND GLAUBE AN DIE GÖTTLICHE KRAFT."

„ES HEILT NUR DIE GÖTTLICHE KRAFT!"

„ICH GENIESSE DIE STILLE DES AUGENBLICKS!"

So, das waren erst einmal die wichtigsten positiven Affirmationen, die ich
benutze oder empfehle. Ich habe im Laufe der Jahre festgestellt, dass es egal
ist, ob man eine Affirmation oder alle spricht. Wichtig ist nur, dass ihr sie
regelmäßig und immer wieder sprecht! Ich persönlich spreche jede
Affirmation mindestens dreimal hintereinander, damit die „trägen Burschen"
Ego und Unterbewusstsein, die Veränderung mitbekommen und sich ändern
dürfen…

Eine seelisch recht kranke Frau kam einmal zu mir und sagte, sie habe keine
Lebenskraft mehr und ihr Mann würde ihr permanent Energie entziehen…
Ich baute sie energetisch wieder auf und ließ sie wie ein Mantra eine
Affirmation immer wieder sprechen:

„ICH BIN GESUND, TUE NUR GUTES UND DIE GÖTTLICHE KRAFT
FLIESST IN MEINEN KÖRPER."

Da die gute Frau sehr lernwillig war, probierte sie es sofort mit der
Affirmation! Die Folge war, dass ihr Ego und Unterbewusstsein blockten!
Sie wollten nicht! Sie stellten sich stur wie ein Esel! Wir mussten also das
Ego und das Unterbewusstsein austricksen… Ihr werdet jetzt sicherlich
fragen, wie man das macht. Nun, es ist gar nicht so schwierig…

Ich sagte ihr, sie solle sich etwas vorstellen, was ihr besonders gut gefällt! Das war Erdbeeren mit Schlagsahne essen! Sie bekam ein Bild, auf dem eine Riesenportion Erdbeeren mit Schlagsahne drauf war. Schon beim Betrachten, lief ihr das Wasser im Mund zusammen und sie schaffte es spielend, ihre Affirmationen zu sprechen, da Ego und Unterbewusstsein abgelenkt waren…

Zur Belohnung gönnte sie sich regelmäßig Erdbeeren mit Schlagsahne, da gerade Sommer war und es überall diese „Köstlichkeit" (aus ihrer Sicht) gab! Schon einige Wochen später, schaffte sie es, ihre Affirmationen ohne Tricksereien zu sprechen. Ihr Ego und ihr Unterbewusstsein hatten sich an die Veränderungen im Körper gewöhnt und allmählich ging es der Frau besser!

Heutzutage benutzt sie und viele andere nur noch eine der wichtigsten Sätze:
„SCHWINGUNG HOCH!"

Wichtig ist, dass ihr versucht, euer ganzes Leben dahin gehend zu ändern, dass in eurem Sprachgebrauch negative Worte und Handlungen wie : Hass, Wut, Zorn, Ärger etc. keinen Platz mehr finden, denn sie rauben euch Energie! Den wichtigsten Test machte ich während der Fußball Weltmeisterschaft in Deutschland 2006. Das erste Spiel der deutschen Mannschaft schaute ich mir an, aber nicht wie ein Fußball Fan alleine, sondern ich bemühte mich, alle Rollen während des Spiels „durchzuspielen". Ich versetzte mich zuerst in den Fan der mitzittert mit seiner Mannschaft. Dann in den Trainer, danach in den Schiedsrichter, in die gegnerische Mannschaft und dann in den Sportreporter. Zum Schluss sah ich es ohne jegliche Bewertung und schaute, wie diese Informationen auf mich wirkten. Alle Gefühlsebenen, die nur machbar sind, durchlief ich während des Spiels. Ich litt mit, freute mich, war aufgeregt, kurzzeitig kam Ärger auf über scheinbar ungerechte Handlungen des Schiedsrichters und zum Schluss das Schmunzeln über diese extremen emotionalen Handlungen.

Dabei geht es doch nur um „Brot & Spiele", wie es schon die Römer betrieben, zur Volksbelustigung und zur Volksablenkung von den wirklich wichtigen Sachen. Voller Interesse merkte ich, wie mein Körper auf jede einzelne Situation reagierte. Beim „mitzittern", wurde mir rasant Energie abgezogen. Bei der ungerechten Situation und dem kurzzeitigen Ärger, wurde rasant Energie abgezogen. Da ich aber auf diese Situation gefasst war, konnte ich gleich meinen Energiehaushalt wieder ins Lot bringen.

Wieder halfen die Worte: **„Schwingung hoch!"**

Interessanterweise spielten die Fußballer der jeweiligen Mannschaft besser, wenn man ihnen zujubelte, als Energie freiwillig gab! Ähnliches spürte ich bei einem Rockkonzert, dem ich gut gewappnet mit Ohrstöpseln (wegen der Lautstärke) mich hingab. Es war eine Band, die ich in meiner Jugend in den 70er Jahren klasse fand und ich spontan mit meinem Bruder entschied, zu dem Event zu gehen. Dabei beobachtete ich natürlich auch die Menschen, wie sie reagierten. Etwas Sonderbares passierte: Während der Sänger der Band die „Fans" aufforderte, bei dem bekanntesten Lied mitzusingen und diese das auch brav machten, sah ich wie er und der Rest der Band mit einer Woge von Energie überflutet wurden und aufblühten…

Am Ende des Konzertes, waren die „älteren Herrn" schon recht müde und schlapp, trotz der Energie, die sie immer wieder durch bestimmte Gesten von den Leuten abforderten. Dann gingen sie von der Bühne und die Fans brüllten immer wieder „Zugabe! Zugabe!" Nach etwa 5 Minuten kamen sie wieder auf die Bühne. Welch Wunder! Sie sahen gut erholt aus, grinsten in die Menge und stimmten ein Lied an. Der Sänger machte Handzeichen, die bedeuteten: „singt mit, Leute und schenkt uns Energie!" Sie spielten recht munter noch zwei Zugaben und dann verließen sie die Bühne. Das Publikum war energetisch recht leer gesaugt. Die meisten waren schlapp und enttäuscht, dass das Konzert nicht noch länger ging.

Mein Bruder war auch etwas ausgelaugt, nur ich, der sich energetisch zurückgehalten hatte, war energetisch noch aufgeladen! In dieser Nacht verstand ich das Gesetz des Energieflusses! Ich wusste plötzlich, warum viele Filmstars oder Musiker auf dem Höhepunkt so „brillant" sind, da sie über und über mit Energie zugeschüttet und überhäuft werden und dann, wenn plötzlich dieser Energiefluss nicht mehr da ist, energetisch in ein tiefes

Loch fallen und Depressionen bekommen oder bekannten Süchten zum Opfer fallen…

Sie sind so sehr süchtig nach Applaus und Zuneigung, was ja nichts anderes als Energie ist und wenn diese ausbleibt, sitzen sie wie ein Fisch auf dem Trockenen! Aber ich habe auch hier ein Hilfsprogramm am Laufen, dass beim Energie Wiederaufbau hilft. Bloß einem Filmstar oder Musiker zu sagen: „Sprich Affirmationen, würde etwa das Gleiche bedeuten, wie Eulen nach Athen tragen." Sprich: Die meisten verstehen es nicht, da sie zu sehr mit ihrem Ego beschäftigt sind! Was also tun?

Es gibt eine gute Lösung! „Stars" jeglicher Branche landen dann allzu oft beim Psychiater und lassen sich therapieren. Doch der wahre Grund, also der Energiemangel durch Suchtentzug, denn nichts anderes ist es, wird selten richtig diagnostiziert. Wer von vorne herein bescheiden geblieben ist ohne „Star-Allüren" hat sich regelmäßig bei dem lieben Gott bedankt und sich auch an seine Engelhelfer gewandt. Ich weiß, das kommt selten vor. Würde man jetzt so einem Menschen, der abhängig von anderen Energien ist sagen, dass er ein „Energievampir" ist, der nur auf Kosten anderer lebt, ist die Wahrscheinlichkeit klein, dass er es versteht. Zurück zum „Energietanken".

Allein die folgende Affirmation von Herzen gesprochen, kann helfen, schnell wieder Energie aufzubauen:

„ICH BIN IN DER LAGE GUTES ZU TUN UND WEISS, DASS ICH JETZT REINE LIEBESENERGIE VOM GOTTVATER BEKOMME. DANKE VON HERZEN, GELIEBTER VATER! SO IST ES UND SO SEI ES. DENN JESUS CHRISTUS IST SIEGER, JESUS CHRISTUS IST SIEGER, JESUS CHRISTUS IST DER SIEGER!"

Diese Affirmation ist so gewaltig hoch, dass nur der Gedanke daran bei mir bewirkt, dass viel Energie in meinen Körper fließt! Probiert es einmal aus und sprecht diese Affirmation dreimal hintereinander! Im nächsten Kapitel kommt eine immerwährende interessante Frage auf mich zu…

5. Kapitel: Energie von Kraftplätzen

Ja, jetzt komme ich zu einem meiner Lieblingsthemen: Kraftplätze! Orte der Kraft: Was ist das eigentlich? Wo finde ich sie?

Nun, ihr Lieben: Alleine darüber könnte ich ein ganzes Buch schreiben. Ich fasse mich aber doch recht kurz, da das Wichtigste dazu in einigen Seiten geschrieben werden kann. Also: Ein Ort der Kraft ist etwas Besonderes, dass von Mensch, Tier und Natur wahrgenommen wird. Schon immer wurden diese Plätze benutzt, um auf ihnen etwas zu bauen.

In früherer Zeit, lange vor der Christianisierung, hatten die sogenannten Heiden oder Naturvölker, schon diese Orte zu würdigen gewusst. Seit die Christianisierung Einzug gehalten hat, wurden oft auf alten Kultplätzen ihre christlichen Kirchen erstellt, da man genau wusste, dass diese Orte eine besondere Schwingung bzw. Kraft, haben!

Einige der bekanntesten Kraftplätze sind: Stonehenge in Südengland, die Kathedrale von Chartres in Frankreich, die Pyramiden von Gizeh in Ägypten, die Externsteine im Teutoburger Wald, das Orakel von Delphi in Griechenland, die Mutter Gottes Grotte in Lourdes in Frankreich oder die Pyramide des Sonnengottes Quetzalcoatl (der gefiederten Schlange), die berühmte Pyramide der Mayas, wo bei Sommersonnenwende und Wintersonnenwende sich eine Schlange aus Licht die Steine hinauf bzw. hinunterschlängelt.

Ich könnte jetzt seitenweise bekannte Kraftplätze aufschreiben, doch eines haben sie alle gemeinsam: Sie bündeln besondere Energien. Das kommt daher, das sich dort sogenannte „Ley-Lines", die Kraftlinien der Erde, treffen! Diese Ley-Lines überziehen unsere Erde. Und an den Kreuzungs- oder Schnittpunkten sind besonders hohe Energien!

Da es immer schon feinfühlige und sensible Menschen gab, wurden diese Plätze auch weltweit immer gefunden und oft zu Kultstätten umfunktioniert!

In Europa vor allem, hat man aber nicht nur Kirchen, große Dome oder Klöster dort auf die alten Stätten der Germanen, Franken, Römer,

Angelsachsen etc. gebaut, sondern auch die Paläste und Domizile der weltlichen Regierung und Verwaltung, wie Burgen, Schlösser, in neuerer Zeit Rathäuser, besondere Gebäude verschiedenster Art. Dabei war es absolut entscheidend, dass in einer Kirche oder einem Dom genau der richtige Platz gefunden werden musste, der am meisten Energie ausstrahlt, um dort die Altäre oder die Kanzeln, aber auch die Pfeiler, auf denen das Gemäuer steht, zu platzieren.

Selbst wenn man jetzt so ein Gebäude komplett abreißt, bleiben doch die Energien immer erhalten!

Ein ganz berühmter Kraftort, der aber nicht als solcher bekannt ist, steht in Füssen im Allgäu. Da ich auch im Allgäu wohnte, weiß ich natürlich schon, was da für eine hochschwingende Energie vorhanden ist.

Diese Ley-Line, die durch das Märchenschloss von König Ludwig II. von Bayern fließt, den die Bayern nur liebevoll unseren „Kini" nennen, also diese Kraftlinie der Erde geht nur etwa 500 Meter von unserem früheren Haus vorbei und sie ist auch auf unserem Grundstück gut zu spüren gewesen. Bewege ich mich jetzt in Richtung des Ortes, an dem die Kraftlinie in voller Intensität vorbei geht, wird das Spüren dieser Energie immer stärker! Direkt an dem Platz angelangt, ist es ein wohliges fantastisches Gefühl und man hat öfter die Idee, eine Weile zu verbleiben, um diese Energie in sich aufzusaugen!

Interessanterweise ist das Trinkwasser Reservoir nur ein paar Meter von diesem Kraftort entfernt. Das bedeutet, dass dort nicht ohne Grund Wasser gefunden wurde und jetzt als Trinkwasser die Dörfer dort mit lebensnotwendigem feuchten, köstlichem Nass speist! Wer sensibel, feinfühlig oder sensitiv ist, wird sehr wohl einen Ort der Kraft, wo ein angenehmes prickelndes, wohlwarmes Gefühl vorherrscht, von den stechenden, unangenehmen Energien der Wasseradern, Erdverwerfungen, geopathischen Störungen im Allgemeinen, unterscheiden können.

Wie könnt ihr jetzt so einen Kraftplatz für euch nutzen? Nun, die eine Möglichkeit besteht darin, dass ihr zu einem solchen Ort reist und euch dort auftankt mit wundervollen Energien! Die zweite Möglichkeit ist eine relativ neue Idee, die ich immer allen Menschen empfehle und ihnen oft auch dementsprechend helfe. Ich rede von feinstofflicher Übertragung!

Beispiel: Jemand hat euch ein Foto mitgebracht aus dem Urlaub, dass den Steinkreis von Stonehenge oder die Wundergrotte von Lourdes zeigt (wichtig ist dabei, dass keine Menschen mit auf dem Bild sind!)

Jetzt könnt ihr einfach das Foto zwischen eure Hände legen und folgendes Gebet zum VATER sprechen:

„Geliebter Vater, ich bitte Dich, sende mir die Heilungsenergie dieses Kraftplatzes auf dem Foto, damit ich damit Gutes tun kann. Danke geliebter Vater! So ist es und so sei es! JESUS CHRISTUS IST SIEGER!, JESUS CHRISTUS IST SIEGER!, JESUS CHRISTUS IST DER SIEGER!"

Dann spürt ihr in der Regel sofort, wie die Heilenergie dieses Kraftplatzes feinstofflich über das Foto zu euch fließt! Ihr könnt auch ein Glas Wasser auf das Bild stellen und jedes mal wenn ihr das Gebet sprecht, fließt die Heilenergie. Mit diesem Wasser könnt ihr euer Blumenwasser anreichern, euer Trinkwasser oder den Tieren ihr Wasser energetisieren! Ein Tropfen in das „normale" Wasser reicht schon zum Energetisieren! Ich würde auch davon etwas ins Badewasser tun…

Welch wohlige Wirkung !!!!!!!!!

Für alle die unter euch, die auch die anderen Techniken noch kennen lernen möchten, gehe ich nachher in späteren Kapiteln genauer drauf ein.

Woran erkenne ich jetzt einen Ort der Kraft? Das ist eine gute Frage… Große Kathedralen, Klöster, Kirchen und Schlösser stehen immer auf Kraftplätzen. Im Allgäu beispielsweise gibt es die Basilika in Ottobeuren, in Bayern die Wieskirch, in Oberschwaben die Basilika in Zwiefalten, das Ulmer Münster, den Kölner Dom, in München Schloss Nymphenburg um nur ein paar zu nennen!

Wenn ihr in eurer Nähe Wallfahrtskirchen habt, könnt ihr davon ausgehen, dass dort auch ein Ort der Kraft sein muss! Meistens, wie schon erwähnt, ist er dort wo der Altar sich befindet! Ihr könnt ja einen Wünschelrutengänger befragen oder mitnehmen. Einige pendeln so einen Platz aus…

Es gibt viele Möglichkeiten!

Was bewirken Orte der Kraft? Sie sind auf jeden Fall wachstumsfördernd und spenden wundervolle Lebenskraft für Mensch, Tier und Natur.

Apropos Tier: Anhand eurer Haustiere könnt ihr feststellen, wo gute und schlechte Energien in eurem Haus oder Garten (bzw. Grundstück) sich befinden. Katzen suchen Wasseradern oder Erdstrahlen. Hunde dagegen fühlen sich nur auf positiven Energien wohl und räkeln sich auf Kraftplätzen!

Auch an Bäumen kann man gut erkennen, wie darunter die Energie ist. Bei Strahlung haben die Bäume immer mehrere Seitenarme und versuchen sich um die Strahlung herum zu winden.

Druiden und Schamanen der Indianer, Naturvölker oder z.B. auch Kelten waren Eingeweihte, die genau anhand der Natur wussten, wo die Kraftlinien herlaufen. Auch Totempfähle standen oft auf besonderen Plätzen! Sowohl auf Positiven, als auch auf Negativen, um ihre Opfer zu foltern!

Im nächsten Kapitel möchte ich euch erklären, wie ihr euch euren eigenen kleinen Platz oder Ort der Kraft herstellen könnt… Ob das jetzt in Altarform oder Sitzplatz oder wie auch immer geschieht, bleibt euch letztlich selbst überlassen…

6. Kapitel: Erstellung eines Ortes der Kraft

Ja, Ihr lieben Leser! Ihr lest richtig: Ich möchte euch mitteilen, wie man einen Ort der Kraft bauen kann. Oftmals benötigt ihr gar nicht soviel dafür! Es gibt verschiedene Möglichkeiten, dieses zu tun. Zuerst solltet ihr euch überlegen, ob dieser Kraftplatz im Garten oder der Wohnung sein sollte. Entscheidet ihr euch für den Garten, so braucht ihr einen Platz der frei von Erdstrahlen, Wasseradern und irgendwelchen Erdverwerfungen ist. Diesen Platz finden Rutengänger ganz schnell mit einem Pendel, einem Tensor. Ich mag diese Techniken nicht, denn es geht auch anders.

Wir schauen uns die Natur genau an. Die unter euch, die keine sensitiven Fingerkuppen haben, sprich: Energie erfühlen können, achten auf die Pflanzen, Tiere und Bäume in dem Garten. Ist dort beispielsweise ein großer Baum im Garten, dann betrachtet ihn einmal genauer: Ist er gerade gewachsen oder gabeln sich Teile des Stammes ab. Ist dies der Fall, so ist dieser Baum aller Voraussicht nach, nicht geeignet. Ist er jedoch gerade gewachsen und strotzt nur so vor Kraft, dann ist dort vielleicht schon der richtige Platz für einen Ort der Kraft. Ihr müsst nämlich wissen, dass Bäume von Natur her schon eine starke Eigenschwingung haben und je stärker und älter ein Baum ist, desto weiser ist er. Ihr habt richtig gehört…

Jedoch ist es eigentlich nicht der Baum, der weise ist, sondern sein Beschützer, das Baumwesen.

In der Regel ist es ein Naturwesen, das ich immer „Ent" nenne, da J.R.R. Tolkien diese Wesen im „Herr der Ringe" so nannte und den Ents dieser Name gefällt. Nun, zu so einem Ent kann man sehr gut Kontakt aufnehmen. Die erste Handlung, die man machen kann ist, sich dem Baum ganz offiziell vorstellen und ihm sagen, was man plant. Ihr werdet wahrscheinlich meistens nur so durch den Garten gegangen sein ohne den Baum und seinen Beschützer Ent begrüßt zu haben.

Möchtet ihr euch jetzt mit dem Baum und dem Ent anfreunden, solltet ihr immer den ersten Schritt tun. Ich empfehle in etwa folgende Formulierung: „Lieber Baum, du strahlst so eine wundervolle Schwingung aus und dein

Beschützer, der Ent, hat immer gut auf dich aufgepasst und ist bestimmt sehr weise. Ich möchte mich jetzt mit euch regelmäßig anfreunden und auch Energietausch mit euch betreiben."

So oder ähnlich könnte ein „Erstkontakt" laufen…

Der nächste Schritt der dann folgt, ist auch recht einfach. Geht einfach hin und umarmt euren Baum mit ganzer Inbrunst! Solltet Ihr euch eventuell schämen, weil es vielleicht draußen schönes Wetter ist und die Nachbarn „gaffen" herüber, was du vielleicht tust, dann pfeif drauf und tu es trotzdem, egal was sie von dir denken (so mache ich es…) oder du wartest bis es dunkel ist oder es schlechteres Wetter ist. Jedenfalls solltest du ihn dann irgendwann umarmen! Weißt du, was jetzt geschieht? Du wirst mit etwas Übung die starke Lebensenergie des Baumes spüren und wenn er und sein Ent dich mögen, kann es durchaus passieren, dass sie Blockaden, die noch in dir sind, umwandeln und diese dann wie auf wundersame Weise verschwinden. Das war absolut ernst gemeint! Es kann sogar noch krasser kommen!

Ein Bekannter hatte Probleme mit dem Rücken und steckte sich beim Spaziergang ein Stück Holz des Lieblingsbaumes, dass auf der Erde lag, in die hintere Hosentasche. Während des Spazierganges spürte er ein Ziehen und dann fiel der Stock heraus und auch die Schmerzen waren weg!

Zurück zu dem Baum im Garten: Wenn ihr euch miteinander angefreundet habt, kann es sein, dass du bei der Umarmung irgendwann das Gefühl hast, in dir spreche jemand mit dir. Höre genau hin, es ist wahrscheinlich der Ent. Das machen sie, wenn sie Vertrauen aufgebaut haben. Um diesen Baum herum kannst du jetzt Dinge platzieren, die dir gefallen und auch in dir den Gedanken reifen lassen, dass es jetzt ein schöner Kraftplatz dort wird.

Falls du Edelsteine hast, die du dorthin mitnehmen möchtest, mache es ruhig. Auch wenn der Impuls kommt, sie dort zu vergraben oder zu platzieren, probier es ruhig aus! Dieser Ort wird dir immer Kraft geben, solange du ihn würdigst und auch als Kraftort benutzt. Kommen wir jetzt zum Kraftplatz im Haus: Du suchst dir wieder einen Ort aus, der für dich anheimelig und kuschelig ist. Jetzt reinigst du ihn zuerst einmal gründlich (also nicht nur staubsaugen, sondern auch energetisch) und das geht wie folgt: Du stellst eine weiße Kerze auf und sprichst ein Gebet wie dieses:

„Geliebter Vater im Himmel, bitte sende mir jetzt Energie zu diesem Platz hier, den ich für mich als persönlichen Ort der Kraft auserkoren habe. Ich bitte darum, das diese Energie solange bleibt, wie ich diesen Ort der Kraft auch würdige und benutze. Danke geliebter Vater. So ist es und so sei es! JESUS CHRISTUS IST SIEGER! JESUS CHRISTUS IST SIEGER! JESUS CHRISTUS IST DER SIEGER!"

Die weiße Kerze solltest du immer brennen haben, wenn du deinen persönlichen Ort der Kraft auch nutzt. Jetzt kannst du beispielsweise den ganzen Raum noch ausräuchern mit Weihrauch oder welchen Duft du möchtest. Danach kommt das nächste Procedere: Das Sonnensymbol, das weiter oben schon zur Kraftgewinnung angegeben wurde, hat nicht umsonst diese Form. Denn genau in dieser Legung und der Anzahl der Steine fungiert es als Halter von Energien. Das bedeutet, dein Kraftplatz wird durch das Legen dieses Symbols mit Energie versorgt. Der innere Ring hat 18 Steine. An jedem zweiten Stein werden die Strahlen gelegt. Es sind somit 9 Strahlen mit je 9 Steinen. Ihr müsst euch genau an diese Anweisung halten, damit die Energie genau so fließt, wie ihr sie braucht. Ihr müsst jetzt keine Glassteine nehmen wie ich. Es geht auch mit Edelsteinen, Kieseln oder Murmeln. Kupfermünzen gehen auch, müssen aber besonders stark vorher gereinigt werden.

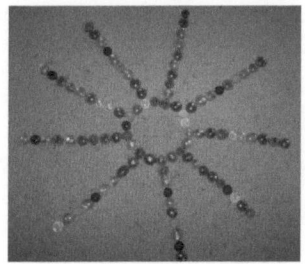

So sieht es dann in etwa aus. Dieses Energie Sonnensymbol mindestens drei Tage liegen lassen, denn solange braucht die Energie, um sich zu verankern. Danach könnt ihr sie abbauen.

Dort wo ihr die Energie gelegt habt, könnt ihr jetzt ein Meditationskissen, einen Stuhl, Sessel etc. hinstellen oder legen. Wenn ihr euch jetzt zum Energietanken dorthin setzt, werdet ihr jedes mal liebevoll mit der Kraft der Energetisierung und Heilung aufgeladen. Bitte vergesst aber die weiße Kerze nicht. Teelichter gehen auch, kein Problem!

Bitte keine andersfarbigen Kerzen verwenden, da ihr ja eben in der Farbenkunde gelernt habt, dass weiß die reinste Farbe ist. Dieser Kraftplatz ist jetzt nicht nur für euch alleine bestimmt. Eure Freunde und Familienmitglieder dürfen auch dort sitzen, nur sagt ihnen, dass dieser Ort etwas ganz Besonderes ist und dementsprechend auch gewürdigt werden sollte. Gerne könnt ihr drum herum einige Edelsteine legen und es euch richtig kuschelig und gemütlich machen! Ihr solltet auch alle, die so einen Platz benutzen, ohne Schuhe dies tun, damit er rein bleibt. Wenn ihr jetzt noch ein Dankesgebet zum VATER schickt, wird ihn das bestimmt erfreuen!

Ich sende immer Heilenergie für unsere Erde und alle Lebensformen, dann ins morphogenetische Feld der Erde, wo alles gespeichert wird. Dieses Feld wird auch „Akasha-Chronik" genannt…

Wundert euch bitte nicht, wenn eure Tiere diesen Platz auch wunderschön finden…

Das nächste Kapitel widmet sich dem chinesischen Horoskop und ich erkläre euch, wie ihr euer chinesisches Sternzeichen für euch als Energiebringer nutzen könnt…

7. Kapitel: Die Energie der Zeichen des chinesischen Horoskops

Das chinesische Horoskop ist für viele Menschen wie ein Buch mit sieben Siegeln… Dabei kann man diese Energie sehr sinnvoll nutzen.

Das möchte ich euch zeigen:

Diese 12 Symbole: Drache, Affe, Hahn, Ratte, Pferd, Hund, Hase, Schlange, Ziege, Tiger, Stier und Schwein sind wie ihr seht Symbole mit Tiernamen als Pendant zu unserem Horoskop.

Aber es ist trotzdem in einigen Dingen anders. Was uns auffällt ist, das der dominante Drache dabei ist. Für viele ist er ein Fabelwesen, doch er ist weit mehr als das! In der chinesischen Mythologie spielt der Drache eine wichtige Rolle. Und wenn ihr mal die Mythen der alten Völker weltweit durchgeht, so werdet ihr feststellen, dass diese Drachenmythologie überall stattfindet! Ob es jetzt Siegfried ist, der Held der germanischen Sagenwelt, der den Drachen tötet oder der heilige Georg, es wimmelt nur so von Legenden über ihn. Bis in unser Mittelalter glaubten die Menschen an furchtbare feuerspeiende Drachen! Interessanterweise ist das Symbol des Drachen in der Mythologie meistens mit böse oder gefährlich belegt. Doch in heutiger Zeit, fängt dieser Glaube langsam an zu bröckeln…

Der Drache beginnt das Kinderzimmer zu erobern…

Niedliche Geschichten und Zeichentrickfilme von Drachen zeigen ihn auch weich und verletzbar.

Warum sage ich euch das alles? Nun, das werdet ihr gleich merken, wenn ich Eigenschaften des Symbols „Drache" näher erläutere: Das chinesische Horoskop arbeitet anders als unser Horoskop. Es ist in andere Zeitabschnitte eingeteilt.

Drachengeborene sind in dieser Zeit geboren:

16.02.1904 - 03.02.1905
03.02.1916 - 22.01.1917
23.01.1928 - 09.02.1929
08.02.1940 - 26.01.1941
27.01.1952 - 13.02.1953
13.02.1964 - 01.02.1965
31.01.1976 - 17.02.1977
17.02.1988 - 05.02.1989
05.02.2000 - 23.01.2001
23.01.2012 - 09.02.2013
10.02.2024 - 28.01.2025
28.01.2036 - 14.02.2037

Daraus folgert, dass das „berühmte und damals gefürchtete" Jahr 2012, in dem der Maya Kalender am 21.12.2012 ablief und ein neuer Zyklus begann, komplett im Dracheneinfluss lag. Jetzt ist wieder ein Drachenjahr 2024...

Was das im Einzelnen bedeutet, erkläre ich euch jetzt: Wer also in den oben angegeben Zeiträumen geboren wurde, beispielsweise am 1. Januar 1989, der ist nach unserem Horoskop Steinbock, also ausdauernd und zuverlässig. Nach chinesischem Horoskop aber Drache! Steinbock Geborene, mögen es nicht im Hauptmittelpunkt zu stehen, hingegen Drachen schon! Sie lieben es regelrecht!!! Sie wollen mit Gewalt auffallen... Aber... (jetzt kommt wieder so ein „Aber-Satz"...)

Drachen sind sehr kreativ und voller Einfallsreichtum und verfügen zusätzlich über eine gute Intuition bis scheinbar fast als hellseherisch grenzende Eingebungsgabe, die die Leute nur noch verblüfft...

Drachen haben aber genau wie Steinböcke ein Ziel vor Augen, dass sie unbeirrbar verfolgen und auch fest dran glauben, dass es klappt!!! Jedoch die Laune...

Das ist das große Manko! „Launisch wie ne Diva" hab ich mal einen Drachen bezeichnet...

Dann lacht er und gibt ne Runde aus...

Drachen sind ähnlich wie Löwen...

Wollen das Sagen haben, sind aber dabei sehr großzügig! Kritisierst du aber einen Drachen...

Dann kannst du dich auf was gefasst machen!!! Kritik mögen sie nun ganz und gar nicht...

No No No!!!

Aber wenn du ihm dann wieder schmeichelst, spuckt er auch kein Feuer mehr und ist schnell wieder besänftigt!

FAZIT: WENN DU DRACHENENERGIE MÖCHTEST, SCHREIBE DIR AUF EINEN ROTEN ZETTEL DAS WORT „DRACHENENERGIE" DRAUF UND LEGE ES UNTER DEINEN STUHL, DEIN KOPFKISSEN ETC. WUNDERE DICH ABER NICHT, WENN ES SCHNELL WIRKT.....

Das nächste Zeichen ist der AFFE:

Er ist in dieser Zeit energetisch dominant:

02.02.1908 - 21.01.1909
20.02.1920 - 07.02.1921
06.02.1932 - 25.01.1933
25.01.1944 - 12.02.1945
12.02.1956 - 30.01.1957
30.01.1968 - 16.02.1969
16.02.1980 - 04.02.1981
04.02.1992 - 22.01.1993
22.01.2004 - 08.02.2005
08.02.2016 - 27.01.2017
26.01.2028 - 12.02.2029
12.02.2040 - 31.01.2041

Als der zweite Weltkrieg sich in der schlimmsten Phase befand, war die Energie des Affen aktiv. Sie endete jedoch etwa zwei Monate vorher. Was hat jetzt der Affe mit dem Krieg zu tun? Nun, eine Eigenschaft des Affen ist es, sich beinahe köstlich darüber zu amüsieren, wie er schon fast hinterlistig anderen einen Streich gespielt hat und sie herausgefordert wurden, ohne es schier zu merken… Jedoch ist der Affe im Grunde seines Herzens ein lieber Geselle, der einen wachen Verstand hat und Situationen blitzschnell entdeckt und durch seine geistige Brillianz Probleme schnell lösen kann, bzw. lösen hilft. Wenn der Affe nicht so großes Selbstvertrauen hätte, gepaart mit unbändiger Abenteuerlust, dann…

…würde er nicht so oft Fehler machen, die er aber sofort einsieht, wenn man ihn darauf aufmerksam macht. Er ist halt ein schlauer Fuchs… der Affe! Und intelligente Wesen, können auch gut zuhören und das Gehörte umsetzen… Apropos Umsetzen… Zupacken kann er auch der Affe…

FAZIT: WENN IHR DIE ENERGIE DES AFFEN BRAUCHT, SCHREIBT „AFFEN-ENERGIE" AUF EINEN ORANGEN ZETTEL!

Jetzt kommt der HAHN an die Reihe:

Beliebt seit eh und je (außer vielleicht bei Langschläfern, die bei offenem Fenster schlafen...)

22.01.1909 - 09.02.1910
08.02.1921 - 27.01.1922
26.01.1933 - 13.02.1934
13.02.1945 - 01.02.1946
31.01.1957 - 17.02.1958
17.02.1969 - 05.02.1970
05.02.1981 - 24.01.1982
23.01.1993 - 09.02.1994
09.02.2005 - 28.01.2006
28.01.2017 - 15.02.2018
13.02.2029 - 02.02.2030
01.02.2041 - 21.01.2042

Wie ihr seht, endete der zweite Weltkrieg kurz nachdem der Hahn seine Energie Arbeit begonnen hatte. Wie man ja weiß, hält sich der Hahn für den „Übermacker" (so wurde er mal genannt, als er wieder stolz dahergockelte...)

Naja, wer so oft am Tag „ran muss" und so viele Mädels in seinem „Harem" hat... Deshalb liebe Menschen, die im Zeichen und der Energie des Hahns geboren, sind große Auftritte und Inszenierungen! Sie stellen sich gerne ins rechte Licht, sind reichlich enthusiastisch, wirken oft prahlerisch oder pompös in ihrem Outfit und Gehabe, denn ihr Aussehen ist ihnen enorm wichtig! Bei einem Hahn wirst du keine faulen Zähne oder Mundgeruch, geschweige dann Achselschweiß feststellen. Für seine Gesunderhaltung tut er sehr, sehr viel! Sie neigen zu Perfektionismus und ihr höchstes Ziel ist das Maß aller Dinge! Klappt es nicht schnell genug, werden sie ungeduldig bis ungenießbar! Hahngeborene sind lebendige und oftmals enthusiastische Menschen. Sie verfügen über Witz, Mut und Lebensfreude, sind aber im Umgang mit ihren Worten manchmal unbedacht bis scharfzüngig. Oft sind Menschen, die im Zeichen des Hahnes geboren wurden, Perfektionisten in vielen Bereichen ihres Lebens. Sie neigen dazu, ihre persönlichen Ansprüche zum Maß aller Dinge zu machen! Die schier unerschöpflichen Energien (denke nur an den Stress, den der Hahn jeden Tag im Tierleben mit seinen „Mädels" hat) sind seine Vorzeigenote! Er ist gerecht, dass muss man ihm lassen und bemüht sich stets Wort zu halten! (Pünktlich morgens gibt es das „Kikeriki")

FAZIT: WER DIE „HAHN-ENERGIE" MÖCHTE, SOLLTE SICH SIE AUF EINEN ORANGEN ZETTEL SCHREIBEN)

Kommen wir jetzt zur RATTE:

Die Ratte ist in unseren Breiten wohl eines der unbeliebtesten Tiere schlechthin…

31.01.1900 - 18.02.1901
18.02.1912 - 05.02.1913
05.02.1924 - 24.01.1925
24.01.1936 - 10.02.1937
10.02.1948 - 28.01.1949
28.01.1960 - 14.02.1961
15.02.1972 - 02.02.1973
02.02.1984 - 19.02.1985
19.02.1996 - 06.02.1997
07.02.2008 - 25.01.2009
25.01.2020 - 11.02.2021
11.02.2032 - 30.01.2033

Wenn wir uns aber die Aspekte der Rattegeborenen ansehen, dann tun wir ihr in vielen Aspekten des Lebens unrecht, denn die Ratte ist ein sehr humorvoller und beliebter, charmanter Mensch, der sich in liebevoller, geselliger Umgebung sehr wohl fühlt! Sie mag nie allein sein, dann „geht sie ein wie ne Primel"… Die Ratte hat immer Energie, ist kreativ und hat ein offenes Ohr für neue Ideen…

Leider hat sie nicht das Durchhaltevermögen eines Hahns. Ideal wäre also eine Ratte im Zeichen Steinbock oder Widder geboren… Dann kann man das praktische mit dem nützlichen verbinden… Doch was sie sich felsenfest vor genommen hat, setzt sie auch um, wenn es ihre Kraft erlaubt. Das es dabei nicht immer mit ganz legalen Wegen geschieht… naja, das kratzt die Ratte dann nicht… Aber das ist nur im Notfall so, denn eigentlich ist sie ein kluger Berater und hat für fast alles Verständnis. Nur bei ihren eigenen Problemen… da hat sie meistens niemand, der ihr hilft…

FAZIT: WER DIE „RATTEN-ENERGIE" MÖCHTE, SOLLTE SIE AUF EIN BLAUES PAPIER SCHREIBEN.

Kommen wir jetzt zu einem der treuesten Freunde des Menschen, dem PFERD:

Das Pferd kann temperamentvoll und auch hitzig sein, dass wissen wir. Wer aber das Pferd zum Freund hat, der kann darauf vertrauen!

25.01.1906 - 12.02.1907
11.02.1918 - 31.01.1919
30.01.1930 - 16.02.1931
15.02.1942 - 04.02.1943
03.02.1954 - 23.01.1955
21.01.1966 - 08.02.1967
07.02.1978 - 27.01.1979
27.01.1990 - 14.02.1991
12.02.2002 - 31.01.2003
31.01.2014 - 18.02.2015
17.02.2026 - 05.02.2027
04.02.2038 - 23.01.2039

Die pure Lust am Leben! Kennt ihr das? Das ist so typisch für Pferdegeborene Menschen… Die 1966er Jahrgänge sind so ein typischer Fall! Davon kenne ich einige! Sie sind einerseits agil, temperamentvoll und können auch sportlich fit sein, wenn ihnen kein Schicksalsschlag dazwischen kommt. 1966 ist so ein Jahr, wo viele Pferdgeborene Probleme kriegen können oder bereits bekommen haben. Wenn sie die Anerkennung bekommen, die sie haben wollen, dann lasst sie ruhig laufen… Bestform ist gar nichts dagegen! Sie wachsen schier über sich hinaus! Sie teilen sich dann auch gern anderen mit! Das Schlimmste für das Pferd ist es allein zu sein… Ich möchte die Primel nicht schon wieder zitieren, ihr wisst was ich meine… Die Hitzköpfigkeit und die Ungeduld, ja mei, die haben sie halt im Blut, aber Verlieren können sie trotzdem. Der Pferdgeborene schmeißt dir nicht das „Mensch ärgere dich nicht" Spiel um die Ohren, wenn er schon dreimal hintereinander kurz vor dem Ziel rausgeworfen wurde… Das Harmoniebedürfnis ist bei ihnen nämlich riesig!!! Lediglich ihre konservative, oft altmodische Art und Weise lässt sie manchmal Auffallen…

…aber glaubt ja nicht, es möchte nicht der Boss sein, wenn es möglich ist… wie gesagt, Höchstform bei Anerkennung und dergleichen…

FAZIT: WER VON EUCH DIE „PFERDE-ENERGIE" MÖCHTE, SOLLTE SIE AUF EIN GRÜNES PAPIER SCHREIBEN.

Jetzt kommen wir zu dem beliebtesten Haustier der Deutschen neben der Katze, nämlich dem HUND:

Gibt es einen treueren Freund als den Hund? Schaut einmal, wann Hundgeborene auftauchen:

10.02.1910 - 29.01.1911
28.01.1922 - 15.02.1923
14.02.1934 - 03.02.1935
02.02.1946 - 21.01.1947
18.02.1958 - 07.02.1959
06.02.1970 - 26.01.1971
25.01.1982 - 12.02.1983
10.02.1994 - 30.01.1995
29.01.2006 - 17.02.2007
16.02.2018 - 04.02.2019
03.02.2030 - 22.01.2031
22.01.2042 - 09.02.2043

Na, fällt euch etwas auf? Genau! Während der Fußball-Weltmeisterschaft 2006 war das Hundejahr! Und wie waren die Deutschen doch treu und anhänglich hinter ihrer Mannschaft gestanden und haben sich weltweit in die Herzen der Menschen „gezaubert"... Der Hundgeborene ist der Kumpeltyp, mit dem du durch dick und dünn gehen kannst. Denen er vertraut, denen hilft er immer, aber nur denen! Er ist zwar ein Mensch mit einem riesengroßen Herzen (STICHWORT: HERZENS-ENERGIE...) aber bis du dort drin bist, dauert es!

Aber wie bei der 2006er WM hat sich halt das ganze Land symbolisch in viele, viele Herzen geschlossen durch die Freude und Offenheit während der Spiele. „Herzensweltmeister" waren sie! So was geht nur im „Hundejahr", oder? Verletze deinen Hundegeborenen Freund nicht mit Worten oder Taten, so bleibt er immer dein Freund... Hunde sind gerecht, loyal, zuverlässig aber auch ruhig, überlegt und besonnen! Hitzig und laut bellen passiert bei ihnen nur, wenn sie glauben, dass eine Ungerechtigkeit passiert! Dann verteidigen sie ihren Freund oder ihre Bezugsperson kompromisslos! Der Vorteil eines Hundegeborenen ist noch ein weiterer: Sie sind praktisch und handwerklich begabt! Zwei linke Hände kennen die nicht! Leider planen sie oft zu viele Dinge auf einmal und verzetteln sich dann, deshalb sind sie selten richtig entspannt... Meditieren ist für sie mehr oder weniger ein Fremdwort...

FAZIT: MÖCHTEST DU DIR JETZT DIE „HUNDE-ENERGIE" EINVERLEIBEN, SO SCHREIBE SIE AUF EINEN HELLBLAUEN ZETTEL.

Das nächste Tier in unserer Liste, ist der süße, knuddelige, flinke HASE:

29.01.1903 - 15.02.1904
14.02.1915 - 02.02.1916
02.02.1927 - 22.01.1928
19.02.1939 - 07.02.1940
06.02.1951 - 26.01.1952
25.01.1963 - 12.02.1964
11.02.1975 - 30.01.1976

29.01.1987 - 16.02.1988
16.02.1999 - 04.02.2000
03.02.2011 - 22.01.2012
22.01.2023 - 09.02.2024
07.02.2035 - 27.01.2036

Schauen wir uns doch „Gevatter Hase" mal an. Sicher: Das Sprichwort, „mein Name ist Hase, ich weiß von nichts" ist schon fast ein geflügeltes Wort geworden, aber trotzdem hat es mit dem eigentlichen Tierchen nichts zu tun. So viel ich weiß, ging es damals um einen Studenten namens Hase…

Zurück zum realen Leben: Der Hase gilt als flink, wendig und scheu… Trotzdem ist sein Leben nicht mit Leichtigkeit übersät, denn die Kinder halten Jahr für Jahr an der alten Mär fest, er bringe die Eier und verstecke sie im Garten… Nun, wir Erwachsenen sind ja auch nicht unschuldig an dem ganzen „Spektakel"… Ich wundere mich immer, wie hochintelligente Kinder mit 5 oder 6 Jahren noch an diese Mär glauben… Vielleicht wollen sie so lange wie möglich ihre „heile Welt" aufrecht erhalten, wer weiß…

Kommen wir zu ihm, dem Hasegeborenen: Im wahren Leben sind Hasen nämlich gar nicht so ängstlich. Der Schein trügt! Hasegeborene setzen sich manchmal bis fast zur Selbstaufopferung für Gerechtigkeit ein, wenn sie das Gefühl haben, es tun zu müssen. Dabei sind sie tief in ihrem Herzen sehr häuslich und eigentlich zurückhaltend und schüchtern. Aber einen Fehler sollte man bei ihnen nie machen: Unterschätze nie einen Hasegeborenen! Ihre Menschenkenntnis ist enorm und sie finden immer Mittel und Wege das zu erreichen, was sie wollen! Appelliert man jedoch an ihr gutes Herz, helfen sie oft vorschnell und lassen sich dann nicht mehr von ihrer doch so ausgeprägten Menschenkenntnis führen… Ihre sensible Ader lässt sie zuweilen launisch wirken, da sie sprunghaft schnell ihre Meinung wechseln können, ähnlich wie es Krebs- und Jungfraugeborene häufig tun!

FAZIT: WER JETZT KEIN HASENFUSS IST UND SICH MIT DER „HASEN-ENERGIE VERTRAUT MACHEN MÖCHTE, SOLLTE SIE AUF EINEN ROSA ODER PINKFARBENEN ZETTEL SCHREIBEN.

Wir springen krass hin und her, deshalb kommt jetzt auch eines der gefürchtesten Tiere an die Reihe, die <u>SCHLANGE</u>:

Die Schlange ist ja wahrlich nicht sehr beliebt beim Großteil der Menschen. Trotzdem hat sie eine fast magische Anziehungskraft…

04.02.1905 - 24.01.1906
23.01.1917 - 10.02.1918
10.02.1929 - 29.01.1930
27.01.1941 - 14.02.1942
14.02.1953 - 02.02.1954
02.02.1965 - 20.01.1966
18.02.1977 - 06.02.1978
06.02.1989 - 26.01.1990
24.01.2001 - 11.02.2002
10.02.2013 - 30.01.2014
29.01.2025 - 16.02.2026
15.02.2037 - 03.02.2038

Ich beobachte Schlangegeborene ganz gern. Meine ersten Versuche konnte ich bei meinem Opa machen, denn der wurde 1905 im Schlange Jahr geboren. Er war ein geschickter Redner und sehr schlau! Glücklicherweise waren bestimmte Charakterzüge der Schlangegeborenen nicht in ihm wie eine „Tratschtante" zu sein oder schlecht verlieren zu können… Ein besonders schöner und feiner Wesenszug der Schlange ist es, verständnisvoll, ruhig und besonnen zu sein. Fordert man sie aber nicht, kann es auch schnell in Faulheit und Trägheit umschlagen. Die Weisheit und Bauernschläue meines Opas hatte ich als Kind immer bewundert. Die Schlange ist so geschickt, dass sie andere reden lässt und ihr dann das unter der Zunge herauskitzelt, was sie wissen möchte. Leider sind viele Schlangegeborenen sehr schlechte, nachtragende Verlierer, die im wahrsten Sinne des Wortes richtig giftig werden können. Dann sollte man sie ja nicht unterschätzen! Sie lässt sich aber gern einschmeicheln. Das mit dem Honig um den Bart schmieren, konnte ich bei Opa perfekt! Ich kriegte als Kind alles, was ich wollte…

FAZIT: WER JETZT LUST HAT, SICH MIT DER „SCHLANGEN-ENERGIE" VERTRAUT ZU MACHEN, DER SCHREIBT DIESE EINFACH AUF EINEN TÜRKISFARBENEN ZETTEL.

Ja, das Zicklein, määäh, määäh, das ist ja so niedlich und gibt leckere Milch und der Ziegenkäse, mmmh, wie herrlich der duftet… (Ich höre noch die Worte in meinem Ohr…) Oder das blökende Schaf…

(Manche sagen, es ist die Ziege, manche das Schaf. Wer in diesen Jahren Regent ist, da streiten sich die Gelehrten… Nennern wir es Schaf/Ziegejahr, ja? Kennt ihr das vielleicht auch noch? Wer denkt nicht gern an die Kindheit zurück, als Heidi´s Freund, der Ziegenpeter auf die Alm zog und statt zur Schule zu müssen, lieber faul im Gras lag und sich sonnte… Sind Ziegen wirklich so oder können sie auch ihre Hörner zeigen… Oder die friedlich blökenden Schafe? Ich verrate es euch jetzt!

13.02.1907 - 01.02.1908
01.02.1919 - 19.02.1920
17.02.1931 - 05.02.1932
05.02.1943 - 24.01.1944
24.01.1955 - 11.02.1956
09.02.1967 - 29.01.1968
28.01.1979 - 15.02.1980
15.02.1991 - 03.02.1992
01.02.2003 - 21.01.2004
19.02.2015 - 07.02.2016
06.02.2027 - 25.01.2028
24.01.2039 - 11.02.2040

Schaut einmal wann „Schaf/Ziegezeit" war… z.B.1967 Damals war die Vorstufe der Rebellenzeit… Jimi Hendrix hatte seine ersten Durchbruch. Er war ein brillanter Musiker, aber auch ein extremer, teils chaotischer Individualist, sehr intelligent und in seinem Spiel auf der Bühne voller genialer Einfälle (mit der Zunge die Gitarrenseiten zu spielen…)

Um noch einmal bei Jimi zu bleiben: Schaf/Ziegegeborene sind sehr friedliebend, richtig zartbesaitet ohne es zeigen zu wollen und meistens gutgelaunt und haben ein freundliches Wesen. Wenn du sie aber durchschaust, tun sie oft so, als wären sie gefühlskalt und zeigen nicht, welche Wärme und Liebe in ihnen steckt... Auch Jimi war im Grunde seines Herzens nie gern alleine, brauchte das geborgene „Nest" und die Wärme der Bezugspersonen. Was sie noch haben, schreibe ich einfach so auf, denn den Aspekt kenne ich bei Jimi nicht. Sie sind zwar sparsam, aber Geld ist für sie enorm wichtig!!! Aber dieses Hin – und Hergerissen sein, wie es auch bei Jimi wohl war, ist schwer zu leben: Einerseits das quirrlige, geniale auf der Bühne und anderseits die Geborgenheit suchend... Vielleicht hatte Jimi deshalb im Schaf/Ziegenjahr seinen Durchbruch... (mit dem legendären Auftritt am 18.Juni 1967 beim Monterey Pop Festival)

Geboren am 27.November 1942 und gestorben am 18.September 1970, war das Schaf/Ziege Jahr der Anfang seines Höhepunktes war schließlich in Woodstock fortgesetzt wurde... Und da ich ja auch Kunstmaler bin und Jimi schon einmal in Popart Malerei auf Original 70er Jahre Tapete verewigt habe, zeige ich euch auch dieses Foto noch und danach soll er friedlich ruhen in seinem Grab. Rest in Peace, Jimi! (bis du wiedergeboren wirst oder schon wurdest... wer weiß???)

<u>FAZIT: WER DIESE ENERGIE MÖCHTE, SOLLTE SICH DIE ENERGIE
AUF EIN ORANGES BLATT SCHREIBEN!</u>

Kommen wir zum <u>TIGER</u>, dass ist eine sehr starke Energie!

08.02.1902 - 28.01.1903
26.01.1914 - 13.02.1915
13.02.1926 - 01.02.1927
31.01.1938 - 18.02.1939
17.02.1950 - 05.02.1951
05.02.1962 - 24.01.1963
23.01.1974 - 10.02.1975
09.02.1986 - 28.01.1987
28.01.1998 - 15.02.1999
24.02.2010 - 02.02.2011
01.02.2022 - 21.01.2023
19.02.2034 - 08.02.2035

Richtig! Wir sehen sofort, dass im Tigerjahr Deutschland 1974 Fußball
Weltmeister wurde. Tiger sind mutig! In der Tat!
Sie verfügen über eine große Sprachbegabung, haben ein selbstsicheres
Auftreten und sind wortgewandt in Wort und Sprache! Der geborene
Schriftsteller, aber... Ihr wisst, wenn ich, Aber sage... Richtig!
Ich werde den Tiger nicht in den Himmel heben und auch ihn sachlich
erklären. Er wird immer in gewisse Führungsrollen hineingedrückt und
stellt meistens unter Beweis, dass er das Metier beherrscht, aber...
(schmunzel)
...er kann auch schnell zum Rebellen werden, wenn ihm Ungerechtigkeiten
vorkommen oder Situationen, die ihm „stinken"...
Der so redegewandte Tiger kann auch unhöflich und so gar nicht „tigerlike"
reagieren, wenn es ihm gegen den Strich geht...
Er ist ein ausgesprochenes Organisationstalent in kniffligen Situationen...
(MacGyver müsste eigentlich ein Tiger sein...)
Sie sind sehr vital, aber manchmal ein wenig zu dominant...
Trotzdem sind sie pure Idealisten, die gerne helfen und sich liebevoll um
ihre Untergebenen bemühen...

Nun, ich hab mich ja schon fast geoutet, dass ich auch so ein Tigergeborener bin, nur mit dem dominanten halte mich mich doch etwas zurück... (unser Sohn ist auch Tigergeboren...)

FAZIT: WER VON DER INTENSIVEN „TIGER-ENERGIE" PROFITIEREN MÖCHTE, SOLLTE SICH DEN NAMEN AUF EINEN ZETTEL SCHREIBEN, DER IN KRÄFTIGEM BIS DUNKELBLAUER FARBE IST.

Nach dem energiegeladenen Tiger kommt jetzt ein Tier, welches auch nicht ohne ist... Nein, nein...

Der STIER! (ole!)

Die armen Stiere in der Arena tun mir immer so leid. Wenn man aber einmal darauf achtet, was so ein Torero für eine Wut und Aggressivität in so einem Stier entfachen kann, dann sollte man doch vor Stiergeborenen auf der Hut sein, oder? Da aber manche auch Ochse oder Büffel sagen, ist das alles schon wieder gemächlicher oder trügt der Schein? Lest selbst:

19.02.1901 - 07.02.1902
06.02.1913 - 25.01.1914
25.01.1925 - 12.02.1926
11.02.1937 - 30.01.1938
29.01.1949 - 16.02.1950
15.02.1961 - 04.02.1962
03.02.1973 - 22.01.1974
20.02.1985 - 08.02.1986
07.02.1997 - 27.01.1998
26.01.2009 - 23.02.2010
12.02.2021 - 31.01.2022
31.01.2033 - 18.02.2034

Sowohl Stier, als auch Ochse und Büffel sind sehr willensstark und sehr kraftvoll! Dazu sind sie stets zuverlässig und überaus hilfsbereit! Eben Stiergeborene... Stiergeborene lieben die absolute Geselligkeit, aber nur in vertrauter Umgebung! Sind sie wo fremd, brauchen sie eine Zeit zum Akklimatisieren… Geduld ist fürwahr ihre Stärke und ihre kaum zu fassende Zähheit! Denn, was ein Stier/Ochse/Büffel mal angefangen hat, das macht er auch zu Ende, mit stoischer Ruhe und Gelassenheit – wenn er/sie nicht gereizt wird, dann sieht dieser Mensch schon mal rot, aber dazu muss er erst einmal lange genug genervt worden sein… Ansonsten wirkt bei ihm das berühmte Zitat von Götz von Berlichingen…

Wer gerne einen häuslichen Kraftprotz möchte der Energie hat, zu Fuß einmal um die Welt zu gehen, sich auf ihn verlassen kann und eine lebenslange Freundschaft wünscht, sollte sich mit einem Stier/Ochse/Büffel Geborenen anfreunden… FAZIT: WER DIESE ENERGIE SICH EINVERLEIBEN MÖCHTE, SOLLTE SICH DIESES WORT AUF EINEN GRÜNEN ZETTEL SCHREIBEN.

So, kommen wir zum letzten Tier im chinesischen Horoskop, dem SCHWEIN:

Und ich hab dann ja im wahrsten Sinne des Wortes „Schwein gehabt", denn dann ist das chinesische Horoskop durch, ohne das ich mich verhaspelt habe.

Was? Das findet ihr nicht? Mögt ihr meinen etwas sarkastisch, ironisch oder auch liebevollen Schreibstil weiterhin, der bei mir so direkt aus dem Herzen kommt? Na dann lest weiter, wer oder was „Schwein gehabt" hat…

30.01.1911 - 17.02.1912
16.02.1923 - 04.02.1924
04.02.1935 - 23.01.1936
22.01.1947 - 09.02.1948
08.02.1959 - 27.01.1960
27.01.1971 - 14.02.1972
13.02.1983 - 01.02.1984
31.01.1995 - 18.02.1996
18.02.2007 - 06.02.2008
05.02.2019 - 24.01.2020
23.01.2031 - 10.02.2032

Das Schwein, dass müsst ihr nämlich wissen, ist der absolute Genießer! GENUSS PUR! Das ist das Motto des Schweins… Und wenn ihr genau überlegt: Was heißt das Sprichwort „SCHWEIN GEHABT" Nicht anderes als Glück gehabt! Schweingeborene wollen sich wohlfühlen und tun fast alles dafür! Aber auch ihren Freunden und Familienmitgliedern gönnen sie dieses! Demzufolge könnt ihr euch sicherlich vorstellen, dass das Schwein recht häuslich ist. Auch die sogenannten „Couch-potatoes", wie diejenigen gerne genannt werden, die Chips und Cola vertilgend vor der Glotze „abhängen" und sich besudeln lassen, sind der negative Aspekt des Schweingeborenen…

Aber das positive an ihnen ist, dass das eher selten vorkommt und sie mit Fleiß und Tüchtigkeit etwas auf die Beine stellen, - eben für ihren Luxus! Sie haben viel Mitgefühl, sind hilfsbereit und freundlich, meistens sehr beliebt und erfreuen sich oft eines großen Freundeskreises.

Haken Nr.2 bei diesem sonst so lieben Zeitgenossen ist, dass er sich in sein „Schneckenhaus" zurück zieht und zuerst schmollt und dann richtig melancholisch bis depressiv werden kann, wenn er/sie von den Menschen nicht mehr verstanden fühlt. Dann passiert es oft, dass sie sich in ihrer Trauer und ihrem Leid, dass sie sich selber durch ihre Gedankenwelt geschaffen haben, „rumsuhlen."

FAZIT: WER GERNE DIE ASPEKTE DER „SCHWEINE-ENERGIE" TANKEN MÖCHTE, SCHREIBT DIESES WORT AUF EINEN ROSAROTEN ZETTEL

So, ihr Lieben, meine geneigten Leser, ich freue mich, dass euch mein Buch gefällt und ihr weiter lest, was als Nächstes kommt. Es geht um die Chakren…

8. Kapitel: Die Chakren

Die Chakren? Was ist das eigentlich? Nun, manche sagen auch Chakras dazu. Ich bevorzuge den Ausdruck Chakren.

Es gibt viele Bücher über Chakren und ich habe einiges darüber gelesen und mir aber letztendlich selber meine Meinung durch eigene Tests gemacht:

Ein Chakra ist immer in Bewegung. Alle Energie ist immer in Bewegung.

So wie es von Peter Dawkins heißt, dass das Herzchakra Europas der Bodensee ist und deshalb so viele spirituelle Menschen es an den Bodensee oder diese Region zieht (Oberschwaben und das Allgäu). Aber da alles in Bewegung ist, was Energie ist, macht es das Bodensee Herzchakra logischerweise auch. Warum erwähne ich das gerade jetzt hier?

Nun, weil dieses Buch „Herzens-Energie" heißt und das Herz Chakra viel Herzens-Energie frei setzt… „Aha, dann sollte ich zum Bodensee ziehen, da ist dann immer gute Energie," sagte ein Bekannter von mir.

Ich lächelte ihn an. „Deshalb wollte ich immer zum Bodensee ziehen," sagte er spitzbübisch grinsend. „…wenn nur die Mieten dort nicht so hoch wären…" Jetzt musste ich lächeln.

Ich erklärte ihm, dass der Radius um den See herum etwa 150 km ausstrahlt. Das bedeutet also, dass der Großteil des Allgäus und Oberschwabens und natürlich demzufolge auch Österreich (Region Bregenz, Bregenzer Wald etc.) und die Schweizer Seite ebenso mit diesen Herz Chakra Energien versorgt werden. Ich persönlich habe das Gefühl, dass sie besonders stark auf den Inseln Mainau (Ich liebe sie!) und Reichenau sowie bei Überlingen ist. Obwohl in der Nähe der Pfahlbauten in Uhldingen auch eine wunderbare, weiche Energie herrscht. Aber auch Heiligenberg (allein der Name hat ja eine hohe Schwingung!) von wo man den Großteil des Sees überblicken kann und das mittelalterliche Meersburg haben wunderschöne Energien! Zum Energie tanken ist der Bodensee immer eine Reise wert!

Jetzt denkt ihr vielleicht: Warum macht der jetzt so eine Werbung für den Bodensee, wo er doch selber im Allgäu gewohnt hat und dieses so oft in seinen Büchern schwärmerisch lobt...

Ganz einfach: 1. Wohnten wir noch im Einzugsgebiet des Herzchakras und 2. Ist die Bodensee Energie wundervoll! Zum Wohnen, würde ich aber das Allgäu immer vorziehen, da dort viele Komponenten noch dazu kommen, die die Bodensee Region nicht hat... (auf diese gehe ich hier nicht speziell ein, dass würde den Rahmen der Thematik sprengen...)

Kommen wir also zurück zu den Chakren, bei denen ich nur auf die wichtigsten eingehe:

Es sind die 7 Hauptchakren und die beiden Nebenchakren: die Hand- und die Fußchakren. Ich erkläre euch kurz, wie sie heißen und wie ihre Aufgaben sind:

Das erste Chakra ist das Wurzelchakra.

Seine Farbe ist rot und die Heilfarbe, die es braucht ist blau. Sein Zuständigkeitsbereich ist der Selbsterhaltungstrieb, die Bodenständigkeit, das absolute Urvertrauen verbunden mit einem starken Lebenswillen. Wenn es richtig „funktioniert" hat es Auswirkungen auf die eben genannten Eigenschaften sowie die Nächstenliebe, die materielle Sicherheit und folgende Körperregionen bzw. Bestandteile: Das Blut, die Beine, die Knochen, die Füße, das Steißbein, den kompletten Zellaufbau, die Prostata, den Anus sowie einige der Därme und ihre Tätigkeit (Dickdarm, Mastdarm und Enddarm). Das Chakra hat seinen „Sitz" im Damm hinter den Geschlechtsorganen. Genauer gesagt, zwischen dem Anus und den Genitalien, wo auch die Kundalini Energie liegt. Das bekannte Adrenalin und das Noradrenalin werden hier gebildet

Jetzt ist es so, dass nicht jedes Chakra bei jedem Menschen richtig arbeitet.

Es kann zu Fehlfunktionen, aber auch zu Über- und Unterfunktionen kommen. Hat es eine Unterfunktion, sieht man es in erster Linie an einem Mangel der Lebensenergie oder einer Stoffwechsel- oder

Verdauungsstörung. Knochenleiden oder ganz extremes Leiden in der Wirbelsäulenregion zeugen davon. Bei einer Überfunktion kann es zu nervösem Verhalten kommen, dass bis zu Süchten jeder Art ausarten kann.

Ist das Chakra gestört, zeigt es sich z.B. durch verschiedene Dinge und Krankheiten: Eine der häufigsten ist dabei das Auftreten von Hämorrhoiden und Krampfadern. Eine anhaltende Kraftlosigkeit, schnelles „Schlappmachen" verbunden mit sehr mangelnder Ausdauer, dauernder Unzufriedenheit, Rückenschmerzen, öfters auch Steißbeinproblemen (oft unbehandelte Stürze aus der Jugend) gepaart mit etwaigen Darmstörungen. Im Alter (ab 50 aufwärts) kommen öfter dann Bewegungsprobleme bis hin zu Lähmungen an und in den Beinen auch verbunden mit plötzlichen Knochenbrüchen.

Ist das Chakra komplett blockiert, ist die Herrschsucht sehr ausgeprägt. Ist es offen und arbeitet einwandfrei, ist der Lebenswille wie schon beschrieben unbändig hoch und die Motivation zum Leben und Gutes zu tun ist sehr hoch!

Auch das Wurzelchakra hat einen wichtigen Heilstein, der ihm hilft: Es ist der rote Jaspis, der es besonders schützt. Aber auch der Blutstein (Hämatit), der Rubin, der dunkle Achat und der Granat tun ihm gut. Wie ihr das Wurzelchakra wieder in Wallung bringen könnt, wenn es etwas eingeschlafen ist? Nun, das Beste ist sicherlich eine Fußreflexzonen-Massage. Das wirkt oft Wunder! Aber Bewegung im Allgemeinen, verbunden mit sportlicher Betätigung ist etwas Wunderbares!

Das zweite Chakra ist das Sexualchakra

Seine Farbe ist orange und die Heilfarbe, die es braucht ist blau.

Sein Zuständigkeitsbereich ist die Fruchtbarkeit, die Produktivität, aber auch die Spontanität gepaart mit der Kreativität. Das allgemeine Wohlbefinden, die Freude am Leben und an der Schöpfung allgemein, der Genuss verbunden mit dem Vergnügen und die ehrliche Offenheit.

Wenn es richtig „funktioniert" hat es Auswirkungen auf die eben genannten Organe bzw. Befindlichkeiten sowie die Fortpflanzungsorgane, das Blut, die Nieren, die Blase, das ganze Lymphsystem und die kompletten Verdauungssäfte. Das Chakra hat seinen „Sitz" eine Handbreit unter dem Nabel , also genau oberhalb der Genitalien. Die Östrogene und das Testosteron werden hier gebildet! Seine Sinnesfunktion ist das Schmecken.

Jetzt ist es so, dass nicht jedes Chakra bei jedem Menschen richtig arbeitet.

Es kann zu Fehlfunktionen, aber auch zu Über- und Unterfunktionen kommen. Hat es eine Unterfunktion, sieht man es in erster Linie bei Frauen an teilweise heftigen Menstruationsbeschwerden, es kann sogar zu einer Unfruchtbarkeit führen, vaginale Probleme vielerlei Art bis hin zu Zysten am Eierstock. Bei Männern zeigt es sich in Prostataproblemen, sexuellen Problemen verschiedener Art wie z.B. Impotenz. Die Nieren, das Blut und die Blase sind in Mitleidenschaft gezogen. Bei einer Überfunktion kann es zu hektischen , nervösen, aber auch bis ins Extremste zu sexuellen Ausschweifungen kommen. Ist das Chakra gestört, zeigt es sich z.B. durch verschiedene Dinge und Krankheiten: Eine der häufigsten ist dabei das Auftreten von Schlafstörungen. Aber auch häufige Unterleibsprobleme, die eben genannten Dinge, sowie Todesängste und den typischen „Nicht NEIN Sagen können Effekt". Ist das Chakra komplett blockiert ist die Gefahr des adipösen Verhaltens sehr stark (Fettsucht) und dem Zwang, beliebt und anerkannt zu sein und wenn dabei auch nachgeholfen wird!
Ist es hingegen offen, ist man frei von diesen Problemen und lernt, sich so zu nehmen, wie man ist.

Auch das Sexualchakra hat Heilsteine, die ihm gut tun: Der Carneol, der im Lebensenergie, Kraft und Antrieb gibt, sowie der Mondstein, der Citrin, der rote Jaspis und der Chalcedon.

Wie ihr das Sexualchakra wieder in Wallung bringen könnt, wenn es etwas eingeschlafen ist? Nun, das Beste ist sicherlich, es liebevoll anregen mit wundervollen Düften und Ölen wie Sandelholz, und Myrrhe.
Interessanterweise sorgt auch schwimmen oder baden dazu und alles, was mit Wasser und Wasserrauschen zu tun hat.

Wenn es einwandfrei funktioniert, ist es seine Aufgabe, sich liebevoll hingeben zu können, seine Bedürfnisse klar zu kennen und zu zeigen und auf andere Menschen ohne Scheu zugehen zu können.

Das dritte Chakra ist das Solarplexuschakra, auch Sonnengeflecht oder Hara genannt.

Seine Farbe ist gelb und die Heilfarbe, die es braucht ist grün. Sein Zuständigkeitsbereich ist die Konzentration und das Gleichgewicht im Leben herstellen. Aber auch die reine Freude, die Kraft, etwas zu schaffen und sich dabei auch durchzusetzen sowie das Streben nach Anerkennung. Wenn es richtig „funktioniert" hat es Auswirkungen auf die Bildung der eigenen Persönlichkeit und des Charakters. Sowie des vegetativen Nervensystems, dem unteren Rücken, des Magens, der Leber, aber auch der Milz, der Gallenblase, der Bauchhöhle und des Dünndarms. Das Chakra hat seinen „Sitz" unterhalb des Brustbeines über dem Magen und zwar etwa zwei Finger breit über dem Nabel.

Es ist für das Sehen zuständig. Jetzt ist es so, dass nicht jedes Chakra bei jedem Menschen richtig arbeitet. Es kann zu Fehlfunktionen, aber auch zu Über- und Unterfunktionen kommen. Hat es eine Unterfunktion, sieht man es in erster Linie an einer starken Anfälligkeit für eine Grippe, oft gepaart mit einer Übelkeit. Magen- und Darmproblem aller Art, sowie Nieren-, Leber-, Gallenprobleme, sowie einer möglichen Diabetes.

Bei einer Überfunktion ist auch Diabetes möglich sowie Gallensteinprobleme. Ist das Chakra gestört, zeigt es sich z.B. durch verschiedene Dinge und Krankheiten wie eben erklärt wurden sowie: Hochwut aber auch Depressionen, Minderwertigkeitsgefühle, wenig bis gar kein Selbstbewusstsein oder in der anderen Richtung die Gier oder der Machtmissbrauch. Ist es komplett blockiert, kommt es in der Regel zu Schwierigkeiten im Umgang mit sich selber. Ist es hingegen offen, kann es gut mit sich und der Umwelt umgehen.

Auch das Solarplexuschakra hat Edelsteine die ihm gut tun. Da ist in erster Linie der Bernstein. Er vermittelt die Ausgeglichenheit im Menschen und stärkt seine Entscheidungskraft und regt die Selbstheilung an. Gut sind auch der Citrin, das Tigerauge oder der Gold Topas sowie die wundervolle Pyrit-Sonne direkt aufs Chakra gelegt.

Wie ihr das Solarplexuschakra wieder in Wallung bringen könnt, wenn es etwas eingeschlafen ist? Nun, das Beste ist sicherlich, es sicherlich mit wundervoller Musik, die so richtig gefühlsbetont ist. Hilfreich sind auch Saunabesuche, Sport treiben oder mal ein kräftiges, aber nicht zu langes Sonnenbad.

Kommen wir zum vierten Chakra: das Herzchakra

Jetzt sind wir wieder beim Buchtitel angelangt. Herzens-Energie kann nämlich nur dann fließen, wenn das Herzchakra auch weit geöffnet ist.

Seine Farbe ist Rosa, ein zartes grün oder das Gold. Zu seiner Heilung nimmt man Gold, rosa oder blau. Sein Zuständigkeitsbereich ist das soziale Bewusstsein, die ehrliche Aufrichtigkeit, natürlich die echte Herzlichkeit, aber auch die Großzügigkeit, die selbstlose Liebe, die Solidarität mit Anderen und Schwächeren, sowie die höheren Werte im Leben und die Offenheit. Wenn es richtig „funktioniert" hat es Auswirkungen auf das Herz, den oberen Rücken inklusive Brustkorb und Brusthöhle, den unteren Lungenbereich und das Blut- und Kreislaufsystem.

Aber auch die Haut, die Arme und die Hände funktionieren richtig, ebenso wie diese wunderschönen Eigenschaften: die (allesumfassende) Liebe, die Zuneigung, das Mitgefühl, die Menschlichkeit, die Geborgenheit und sich selber anzunehmen und lieben, so wie man ist. Das Chakra hat seinen „Sitz" in der Mitte von der Brust ziemlich genau in der Höhe des Herzens.

Es ist für den Tastsinn zuständig. Jetzt ist es so, dass nicht jedes Chakra bei jedem Menschen richtig arbeitet. Es kann zu Fehlfunktionen, aber auch zu Über- und Unterfunktionen kommen. Hat es eine Unterfunktion, sieht man es in erster Linie an „Herzenssachen" wie Herzlosigkeit, Herzproblemen aller Art, Gefühllosigkeit, innerer Verschlossenheit (das Herz mit einem Schlüssel sozusagen zugeschlossen), Durchblutungsstörungen, Herzversagen, Asthma, Verstopfung der Arterien, schnelles beleidigt sein, starkes Misstrauen, Immunschwäche aber auch Teilnahmslosigkeit oder auch Lungenkrankheiten und Schultergelenkschmerzen. Bei einer Überfunktion ist es hoher Blutdruck und nervöse Herzbeschwerden.

Ist das Chakra komplett blockiert, gibt es Schwierigkeiten Liebe anzunehmen und zu geben. Ist es frei, ist der Mensch sehr sozial und gerecht. Wie ihr das Herzchakra wieder in Wallung bringen könnt, wenn es etwas eingeschlafen ist? Nun, das Beste ist sicherlich hier der Rosenquarz. Er befreit von Ängsten, heilt seelische Wunden, löst liebevoll und sanft Stimmungsschwankungen auf und gibt inneren Frieden.

Weitere Edelsteine, die dem Herzchakra gut tun sind: Der Aventurin, die Koralle, der Rhodonit und mein Freund, der Wassermelonen-Turmalin. (Ich liebe alle Turmaline, dass sind wunderbare Heilungssteine)

Zum Wiederherstellen der Herzens-Energie des Herzchakras eignen sich viele Pflanzen, die ihr dann mit viel Liebe pflegen dürft, entspannende Massagen und echten Rosenduft (keinen synthetischen).

Kommen wir jetzt zum 5.Chakra: Das Hals – oder Kehlkopfchakra

Seine Farbe ist das himmelblau. Zu seiner Heilung nimmt man gelb und orange. Sein Zuständigkeitsbereich ist Geistige Klarheit, gedankliche Ordnung, Kommunikationsfähigkeit, Austausch höherer Weisheit, Unterscheidungsvermögen, Humor, Wachstumsbereitschaft, Transformationsfähigkeit Wenn es richtig „funktioniert" hat es Auswirkungen auf die Kommunikationsfähigkeit und die Inspiration, aber auch die Unabhängigkeit und hilft bei der Selbstverwirklichung.

Das Chakra hat seinen „Sitz" im Kehlkopf zwischen der Halsgrube und der Kehlkopf.

Es ist für das Hören zuständig. Jetzt ist es so, dass nicht jedes Chakra bei jedem Menschen richtig arbeitet. Es kann zu Fehlfunktionen, aber auch zu Über- und Unterfunktionen kommen. Hat es eine Unterfunktion, sieht man es in erster Linie an der Erkrankung der Schilddrüse, aber auch daran, dass der Mensch an einer Heiserkeit, Probleme mit dem Stottern, einer schwierigen Sprechweise. Zusätzlich könnte die Verbindung zwischen Kopf und Herz gestört ist, sowie Zahnproblemen, Mandelentzündungen und Problemen, die vom Nacken aus überall hin ausstrahlen kann.

Bei einer Überfunktion ist mit hohem Blutdruck und dadurch bedingt auch mit verstärkter Erregbarkeit zu rechnen. Wenn sie komplett blockiert ist, gibt es meistens Probleme mit der Kommunikation aller Art.

Ist es völlig befreit, verträgt er auch konstruktive Kritik ohne „auszuflippen"… Gibt es Probleme und möchte man es aktivieren, sollte man den Chalcedon tragen, denn er hilft vermitteln und Gelassenheit zu üben. Aber auch der Aquamarin und andere hellblauen Steine sind gut für ihn. Auch Eukalyptusöl und Pfefferminzöl ist wunderbar dafür!

Nach dem fünften, kommt das sechste Chakra: Das STIRNCHAKRA oder DRITTES AUGE:

Seine Farbe ist ein schönes königsblau oder hellviolett.Zu seiner Heilung nimmt man orange oder grün.

Sein Zuständigkeitsbereich ist das Ganzheitliche Erkennen aller Situationen ob körperlicher oder geistiger Natur. Dazu muss es sofort die Zusammenhänge begreifen, die auf den Körper zukommen: Es ist sozusagen eine übergeordnete Koordinations- und Schaltzentrale. Auch alle Formen von übersinnlicher Wahrnehmungsgabe werden hier gesteuert. Wenn es richtig „funktioniert" hat es Auswirkungen auf den gesamten Kopf mit dem Gesicht, den Augen, den Ohren, der Nase, dem gesamten Nervensystem, dem Kleinhirn, allen Nebenhöhlen, der überaus wichtigen Intuitionsgabe, der übersinnlichen Wahrnehmungsgabe, der Weisheit, aber auch der Phantasie, der unmittelbaren Wahrnehmungsfähigkeit und Visionen vielerlei Art. Das Chakra hat seinen „Sitz" genau zwischen den Augenbrauen, etwa einen Finger breit über der Nasenwurzel, in der Mitte der Stirn gelegen.

Es ist für alle Sinne zuständig und dadurch immens wichtig! Jetzt ist es so, dass nicht jedes Chakra bei jedem Menschen richtig arbeitet. Es kann zu Fehlfunktionen, aber auch zu Über- und Unterfunktionen kommen.

Hat es eine Unterfunktion, sieht man es in erster Linie an Gehirnproblemen verschiedener Art: z.B. wie Gehirntumore, Gehirnblutungen, neurologische Störungen, einsetzender Blindheit, aber auch Taubheitsgefühle, Augenprobleme, Ohrenprobleme, Nasenprobleme, mitunter heftigen Problemen in der ganzen Wirbelsäule, auftretende Kopfschmerzen oder Migräne. Auch die meisten Ängste resultieren hierher. Auch die schlimmen Nervositätsstörungen eventuell gepaart mit einem Nervenzusammenbruch können daraus resultieren. Ebenso Depressionen und Lernstörungen bei Kindern, Jugendlichen und gelegentlich auch bei Erwachsenen. Bei einer Überfunktion ist kommt es öfter zu einer erhöhten Hormonproduktion.

Das heißt, dass das Wachstumshormon STH, welches für das Längenwachstum einiger Körperteile verantwortlich ist, zu einer heftigen Vergrößerung der Ohren, des Kinns oder sogar der Finger führen kann. Ist das Chakra komplett blockiert, herrscht eine Konzentrationsschwäche. Ist es frei, kommt wieder die „HERZENS-ENERGIE" zum tragen und die Gabe der Intuition vergrößert sich! Wie ihr das Stirnchakra wieder in Wallung bringen könnt, wenn es etwas eingeschlafen ist? Nun, das Beste ist sicherlich, hier viele Märchen, phantastische Literatur und/oder Esoterische Sachen zu lesen. Auch Spaziergänge fördern es!

Außerdem helfen ein paar wunderschöne Edelsteine wie: der Lapislazuli, denn er fördert in allen Bereichen das spirituelle Wachstum, hilft Ängste und Blockaden zu lösen und fördert oben drein noch die Entscheidungsfreudigkeit. Man kann sich das wirklich am besten vorstellen, wenn man Krebs, Waage oder Zwilling ist. Das Ergebnis ist überwältigend! Alle blauen und dunkelblauen Edelsteine und Halbedelsteine sind hier ebenso förderlich!

Kommen wir jetzt zum siebten und letzten Chakra: Dem Scheitel- oder Kronenchakra:

Seine Farbe ist weiß und Gold! Sein Zuständigkeitsbereich ist der Kontakt zum höheren Selbst, es ist für alles, was mit Meditation zu tun hat, zuständig, es fördert die Konzentrationsfähigkeit und last but not least: ohne ein funktionierendes Kronenchakra ist rein theoretisch keine Erleuchtung möglich… (ich wollte es nur mal angedeutet haben…)

Das Chakra hat seinen „Sitz" über dem Scheitel. Es ist für die Zirbeldrüse, die auch Epiphyse genannt wird, zuständig! Jetzt ist es so, dass nicht jedes Chakra bei jedem Menschen richtig arbeitet. Es kann zu Fehlfunktionen, aber auch zu Über- und Unterfunktionen kommen. Hat es eine Unterfunktion, sieht man es in erster Linie an verschiedenartigen Nervenleiden, aber auch genetische Störungen, Lähmungserscheinungen sowie den Knochenleiden verschiedenster Art. Manche behaupten, dass auch MS (Multiple Sklerose) daher kommen soll, aber dazu hat uns die geistige Welt einen anderen Grund genannt.

MS ist eine überwiegende Frauenkrankheit und kommt laut Angabe der geistigen Welt daher, dass im Vorleben die Frau meistens als Angestellte oder Magd am Hof eines Bauern, reichen Edelmannes etc. war und von ihm geschwängert wurde. Da die Herrin des Hauses aber keine Nebenbuhlerin wollte, wurde sie mit dem Kind vom Hausherrn mit „Sack und Pack" und ihrem Baby von dannen gejagt…

Sie hinterließ aber meistens heftigste Verwünschungen oder Flüche und in diesem Leben ist MS ihre Resonanz dafür. Ihr werdet jetzt fragen: Ist das denn gerecht? Es ist es, in der Tat: Denn was glaubt ihr, wer die Pfleger dieser Person in diesem Leben sind? Richtig: Die, welche ihr das im Vorleben angetan haben! Man muss dazu sagen, dass die Seele einmal richtig verwöhnt werden möchte und es meistens auch genießt! MS Patientinnen lassen sich oft in ihrer Krankheit bemitleiden und lieben es, versorgt zu werden…

Ich kenne zwei Frauen, wo der Betreuer dieser Frauen eine besonders innige und liebevolle Betreuung ihnen angedeihen ließen und sie so richtig darin aufgingen…

Zur Aktivierung kann man mit Weihrauch oder Rosenholz räuchern. Der Amethyst, der Bergkristall, alle Turmaline, der Sugillit und der Diamant sind gut fürs Kronenchakra.

9. Kapitel: Wie man mit Edelsteinen und Halbedelsteinen zu mehr Kraft kommt:

Nichts und niemand hat die Leute seit altersher so fasziniert wie Edelsteine in ihrer gesamten Pracht! Selbst das Gold mit seinen Energien und Verzückungen (komme ich später noch zu) hat es geschafft, den glitzernden Steinen, das Wasser zu reichen!

Sicher sind viele davon bekannt wie: Bergkristall, Rosenquarz oder das Tigerauge.

Doch viele Menschen können damit nichts anfangen, deshalb wie immer eine kleine Erklärungshilfe auf meine Art:

Fangen wir mit dem bekanntesten Heilstein an: Dem BERGKRISTALL:

Sein Name wird als der „LICHTBRINGER oder DER LICHTARBEITER" bezeichnet.

Er wird über die ganze Erde als Heilstein geschätzt und verwendet!

Schon in Atlantis benutzte man laut Überlieferungen Bergkristalle, um Informationen zu speichern oder um mit Flugkörpern zu fliegen (ob es sogenannte „UFOs" waren ???)…

Er hat eine besonders reinigende Wirkung im Körper (allen Organen und im Blut). Dazu gehört eine bessere Durchblutung und eine Ankurbelung der Sauerstoffversorgung und reinigt auch den Geist und die Seele.

Ich setze ihn oft zur Lösung von hartnäckigen Blockaden ein und als Schutzstein gegen negative Energien. Auch meine Orgonstrahler, die ich baue, wurden früher mit Bergkristallen bestückt. (Dazu mehr am Ende des Buches)

Als positiver Nebeneffekt reinigt er die Chakren und wenn es vom Vater zugelassen wird, öffnet sich das dritte Auge, damit eine Hellsichtigkeit, Hellfühligkeit oder Hellhörigkeit entsteht.

Er steht aber für das Kronenchakra und gibt dadurch dem ganzen Körper Energie!

Wenn ihr jetzt die BERGKRISTALL ENERGIE möchtet, kauft euch einen solchen Heilstein und tragt ihn bei euch, legt ihn nachts unter euer Kopfkissen, er ist auch an der Kette zu tragen als Talisman oder einfach einen Bergkristall ins Wasser legen, dann gehen seine Informationen auf das Wasser über. Dieses Wasser könnt ihr zum Trinken, zum Behandeln, für Blumen, Tiere etc. verwenden!!!

DER NÄCHSTE HEILSTEIN, DEN ICH BESPRECHEN MÖCHTE, IST DER ROSENQUARZ:

Er ist der Stein, der der Herzens-Energie am nächsten kommt, denn man nennt ihn auch den „Herzensstein"...

Der Rosenquarz ist sehr, sehr vielseitig in seiner Heilwirkung. In meine Orgonstrahler kam früher auch immer viel Rosenquarz Energie mit hinein, damit die „Herzens-Energie" immer stark zu spüren ist... (mehr dazu am Ende des Buches)

Hat jemand Herzschmerzen oder andere „Herzenssachen", die noch ungelöst sind, ist er der richtige Stein!

Er wandelt liebevoll um, hilft beim Loslassen und auch Erfahrungen machen ohne die bedrückenden seelischen und körperlichen Schmerzen eines Liebeskummer oder Herz Schmerz...

Natürlich ist er dem Herzchakra zugeordnet. Er macht alles liebevoll und sanft und genauso durchflutet er den Körper, mit dem Herz beginnend und lässt dort die Gefühle von Zärtlichkeit, Liebe, Harmonie, Glücksgefühle und Zufriedenheit erkennen und danach verankern!

Wenn ihr jetzt die ROSENQUARZ ENERGIE möchtet, kauft euch einen solchen Heilstein und tragt ihn bei euch, legt ihn nachts unter euer Kopfkissen, er ist auch an der Kette zu tragen als Talisman oder einfach einen Rosenquarz ins Wasser legen, dann gehen seine Informationen auf das

Wasser über. Dieses Wasser könnt ihr zum Trinken, zum Behandeln, für Blumen, Tiere etc. verwenden!!! Er sollte aber regelmäßig gereinigt werden, da er alte Energie aufnimmt. Einfach unter kaltes Wasser halten und sagen: **JESUS CHRISTUS IST SIEGER!** (dreimal hintereinander!)

NACH DEM ROSENQUARZ MÖCHTE ICH EUCH MIT DEM TIGERAUGE VERTRAUT MACHEN:

Der Tigerauge ist ein sehr bekannter und oft benutzter Heilstein. Er verschärft die Sinne und verbreitet ein fröhliches, gutes, gutmütiges Wesen, heißt es.

Deshalb heißt er wahrscheinlich auch: DER WAHRNEHMUNGSSTEIN.

Er hat ebenfalls laut alten Schriften eine besondere Wirkung und heilende Eigenschaften auf den Kopf eines Menschen. Ich habe schon Menschen mit chronischen Kopfschmerzen oder Migräne diesen Heilstein empfohlen!

Linderung bringt er schon, besonders wenn man an ihn glaubt, denn der Glaube versetzt ja bekanntlich Berge und hilft zu schnellerer Genesung!

Ich hörte, dass er gut für Banker oder „Finanz-Menschen" ist, denn er schützt vor unüberlegten Handlungen und hilft logisch zu denken, wenn einen ein verlockendes Angebot verführen möchte…

Besonders im Bereich des Solarplexuschakra kann der Tigerauge helfen, denn dort ist sein Sitz und dort ist auch das, was man „Bauchgefühl" nennt…

Wenn ihr jetzt die TIGERAUGE ENERGIE möchtet, kauft euch einen solchen Heilstein und tragt ihn bei euch, legt ihn nachts unter euer Kopfkissen, er ist auch an der Kette zu tragen als Talisman oder einfach einen Tigerauge ins Wasser legen, dann gehen seine Informationen auf das Wasser über. Dieses Wasser könnt ihr zum Trinken, zum Behandeln, für Blumen, Tiere etc. verwenden!!!

NACH DIESEM HEILSTEIN KOMMT JETZT EINER MEINER LIEBLINGSSTEINE AN DIE REIHE: DER SCHWARZE TURMALIN!

Er ist neben dem Edelschungit der stärkste Heilstein der Erde (für mein Empfinden) Er schützt absolut sicher vor Angriffen durch die dunkle Seite! Er ist quasi so eine Art Schutzpatron, Anti Viren Schutz und Firewall in Einem! Dabei entstrahlt und entstört er auch negative Energien und Blockaden, die aufgrund von Ablagerungen und Verhärtungen unser gesamtes Nervensystem belasten hatten und hilft liebevoll den Körper zu entgiften!

Wir kleben uns regelmäßig zum Entgiften Baumessig Pads unter die Fußsohlen, die Nachts dort ihre Arbeit verrichten und so helfen, den Körper zu entgiften. Selbstverständich ist dort auch der schwarze Turmalin in der Mischung mit dabei! Dass er auch als Beschützer und Heiler vor Sonnenbrand und Problemen mit Strahlenkrankheiten auftritt, ist vielen nicht bekannt!

Ich hab einen großen schwarzen Turmalin vor mir unter dem Monitor liegen! Wenn ihr geistig mit dem größten Turmalin, der weltweit existiert, verbunden werden wollt, dann schreibt euch folgendes Gebet ab. Ich nenne ihn übrigens liebevoll „**Harald**".

„Lieber Harald, geliebter schwarzer Turmalin Schutz- und Heilstein: Ich bitte dich, deine Schutz- und Heilenergie auch mit mir zu teilen. Immer wenn ich deine Energie benötige und dich liebevoll mit „Harald" rufe, helfe mir bitte, wenn ich in Not bin oder im positiven Sinn deine Hilfe benötige. Ich weiß, dass sie nur bei positiven Dingen funktioniert! Danke, Harald, für deine Hilfe!"

Hier ist für feinfühlige unter euch auch Haralds Energie speichert: Geht einfach mit der Hand oder den Fingern auf das Wort Harald und fühlt und benutzt seine Heil- und Schutzenergie:

HARALD

Kommen wir zu weiteren Dingen, die der schwarze Turmalin heilend und helfend unterstützen kann:

Die Muskulatur des Körpers wird gekräftigt, welche direkt an unseren Knochen den Bewegungsapparat und den aufrechten Gang bewirken und unterstützen

Bei einem Muskelschwund, Gelenksentzündungen, Gichtproblemen (überwiegend im Anfangsstadium), bei Muskelrissen und bei Muskelkater wird in der Regel eine Linderung und Besserung erzielt. Auch bei einer Epilepsie, deren Ursprung im Gehirn oder im Rückenmark zu finden ist, kann der schwarze Turmalin u.U. Heilung oder aber zumindest Linderung hervorrufen. Epileptische Anfälle haben jedoch ihre Ursache meistens in Vorleben und resultieren daher, dass die betreffende Person Menschen hoch zu Ross sitzend, tödlich oder stark verletzend vom Pferd stieß oder zu Fuß verletze oder tötete. Für jeden Menschen, dem das angetan wurde, ein epileptischer Anfall!

Das Wichtigste ist hier das Vergebungsgebet:

„Lieber Vater im Himmel, ich bitte alle Menschen um Vergebung, denen ich in diesem oder Vorleben etwas angetan habe und lasse liebevoll los und bitte reumütig um Vergebung! Danke geliebter Vater, JESUS CHRISTUS IST SIEGER! JESUS CHRISTUS IST SIEGER! JESUS CHRISTUS IST DER SIEGER!"

Dieses Gebet habe ich schon oft mit Menschen gemacht und wundervolle Ergebnisse erzielt!

Der schwarze Turmalin hilft aber auch bei folgenden Krankheiten lindernd: Herzerkrankungen, Erkrankungen an Nieren und auch an Nebennieren, der Gürtelrose, bei Haut- und Gesichtslähmungen, bei Arthritis und sogar bei krebsartigen Geschwulsten.

Ich habe überall schwarze Turmaline liegen und Haralds Energie hier am Computer…

Wenn ihr jetzt die SCHWARZE TURMALIN ENERGIE möchtet, kauft euch einen solchen Heilstein und tragt ihn bei euch, legt ihn nachts unter euer Kopfkissen, er ist auch an der Kette zu tragen als Talisman oder einfach einen schwarzen Turmalin ins Wasser legen, dann gehen seine Informationen auf das Wasser über. Dieses Wasser könnt ihr zum Trinken, zum Behandeln, für Blumen, Tiere etc. verwenden!!!

NACH DEM SCHWARZEN TURMALIN KOMMT JETZT DER ORANGENCALCIT:

Ich liebe diesen Stein auch sehr!

Er stärkt und festigt die Bandscheiben und alle Knochen des Körpers. Zudem hilft er bei Erkrankungen der Bauchspeicheldrüse und der Milz. Als positiven Nebeneffekt mildert er Kariesprobleme mit all seinen Begleiterscheinungen. Da er zusätzlich das gesamte Nervensystem stärkt, kann er auch bei übermäßigem Zittern und seelischen Problemen wertvolle Hilfe leisten und unterstützend eingesetzt werden.

Menschen mit zuviel Hitze im Körper lieben ihn auch, da er kühlende Energie spendet, die auch bei Krankheiten und Entzündungen wirken.

Er schafft Klarheit der Gedanken! Ideal als Talisman an der Kette bei Schulkindern! Sie können sich besser konzentrieren!

Mir sagte mal jemand, er helfe bei Mondsüchtigkeit. Ob das stimmt, konnte ich bisher nicht prüfen, kann es mir bei ihm aber gut vorstellen!

Der Orangencalcit wird für das Sakralchakra verwendet.

Ein wundervoller Heilstein, den ich euch nur wärmstens ans Herz legen kann!

Wenn ihr jetzt die ORANGENCALCIT ENERGIE möchtet, kauft euch einen solchen Heilstein und tragt ihn bei euch, legt ihn nachts unter euer Kopfkissen, er ist auch an der Kette zu tragen als Talisman oder einfach einen Orangencalcit ins Wasser legen, dann gehen seine Informationen auf

71

das Wasser über. Dieses Wasser könnt ihr zum Trinken, zum Behandeln, für Blumen, Tiere etc. verwenden!!!

KOMMEN WIR JETZT ZUM LAPISLAZULI:

Ebenfalls ein wunderbarer Heilstein mit seinem unvergleichlichen Blau, das nach ihm benannt wurde… Mit seinen Pyrit Einschlüssen, die er hat, erinnert er mich immer an die Tiefen und Weiten des Universums…

Sehnsucht nach Hause… So ergeht es vielen spirituellen Menschen!

Er ist ein besonderer Heilstein! Er inspiriert Menschen, besonders gute Dinge zu tun!

Er schenkt und quasi „geistige Nahrung" in Gebeten und Meditationen und hilft uns, die Wahrheit zu finden!

Er bestärkt unser Vertrauen in die göttliche Führung und unseren Glauben an das gute im Menschen!

Er bringt es hochgradig an den Tag!

Träger eines Lapislazuli müssen immer die Wahrheit sagen und danach leben, sonst hält ihr Herz die hohen Schwingungen nicht aus!

Wer mit ihm arbeitet, kann nicht anders handeln!

Dieses wird dann auch in das Alltagsleben integriert!

Der Lapislazuli stärkt nicht nur das Bewusstsein, sondern verstärkt in rapider Weise das spirituelle Wachstum, die Hellhörigkeit, die Hellsichtigkeit und Hellfühligkeit!

Er hilft dem Menschen, sich seinen Ängsten zu stellen und transformiert sie liebevoll! Er hilft uns, alte Muster und verdrängte Dinge besser zu verarbeiten!

Er ist weltweit bekannt als Stein der Liebe und der Freundschaft!

Zudem hat er noch andere Wirkungen auf den Körper: Seine kühle blaue Farbe wirkt beruhigend, krampflösend und auch fiebersenkend.

Er hilft auch bei Neuralgien, Hautausschlägen und kann bei Insektenstichen erhebliche Linderung verschaffen. Zuerst ein X über den Stich machen, dann Speichel darauf geben und dann den Lapislazuli drauf pressen.

Er hilft bei vielerlei Schmerzen und hilft auch, Schwellungen zum Abklingen zu bringen. Ferner hilft auch er bei Kopfschmerz und wirkt Bluthochdruck liebevoll entgegen, darf aber unter keinen Umständen bei Hypotonie (niedrigem Blutdruck) angewandt werden!!!

Wunderbar hilft er auch bei Störungen der Lymphe und der Schilddrüsen. Zudem stärkt er die Thymusdrüse und gibt Vitalität, Jungendlichkeit und Kraft!

Das „dritte Auge" Chakra ist seine Zuordnung!

Wenn ihr jetzt die <u>LAPISLAZULI ENERGIE</u> möchtet, kauft euch einen solchen Heilstein und tragt ihn bei euch, legt ihn nachts unter euer Kopfkissen, er ist auch an der Kette zu tragen als Talisman oder einfach einen Lapislazuli ins Wasser legen, dann gehen seine Informationen auf das Wasser über. Dieses Wasser könnt ihr zum Trinken, zum Behandeln, für Blumen, Tiere etc. verwenden!!!

KOMMEN WIR ZU DEM LIEBLINGSSTEIN DER MEISTEN ESOTERIKER UND SPIRITUELLEN MENSCHEN, DEM <u>AMETHYST</u>:

Er besticht nicht nur durch seine violette Farbe, die manchmal auch ins Lila geht, sondern ist ein „Eyecatcher", ein Augenfänger!

Viele „Spiris" haben eine Amethyst-Druse zu Hause stehen und genießen deren Schwingung!

Auch er wirkt am besten beim Scheitelchakra und hat eine sehr, sehr hohe Schwingung!

Auch er ist ein besonders guter Heilstein bei Kopfschmerzen und Migräne, sowie bei Nervenschmerzen und Verspannungen vielerlei Art.

Er kräftigt aber auch ganz wunderbar den Allgemeinzustand eines Menschen in rapider Geschwindigkeit. Schon Minuten später, nachdem man ihn trägt oder mit ihm arbeitet, hat man das Gefühl, es tut sich etwas!

So ganz nebenbei stärkt und stützt er auch die Drüsen, die Hormone und regt auch noch den Stoffwechsel an. Er hilft auch bei Problemen, keinen regelmäßigen Stuhlgang zu haben, hab ich mir sagen lassen. Auch bei Diabetes ist der Amethyst ein guter Helfer.

Ein Experiment empfehle ich euch: Besorgt euch einen Traumfänger und bestückt ihn mit zwei oder drei Amethyst Trommelsteinen und hängt alles über euer Bett:

Schlaflosigkeit, nächtliche Unruhe und vor allem Alpträume haben jetzt ausgespielt.

Jetzt könnt ihr euch auch sicherlich vorstellen, dass er dadurch auch ein guter Stein für Meditation, Stressabbau, in die Ruhe kommen und Zorn und Wut umzuwandeln in Frieden, Harmonie und innere Gelassenheit!

DER Topstein für alle „Gänseblümchen-Esoteriker"! (mit den Augen zwinker…)

Aber das phänomenale ist, dass er auch bei Legasthenikern hilft, dass sie sich besser konzentrieren können!

Ich nenne ihm auch manchmal „Psychologiestein", denn er hilft auch bei: Hysterie, Angstneurosen und Problemen des Geistes, inklusive Epilepsie. Dazu bitte das Kapitel weiter oben zu diesem Thema inklusive Gebet lesen…

Außerdem lindert er auch psychisch bedingte Schwindelprobleme, sowie Seh- und Koordinationsstörungen der Geistes und der Augen

Ein wahrer Multisassa! Das ist der Heilstein für niedrigem Blutdruck, bei Blutarmut und bei Erkrankungen des Blutes.

Ihr seht, unverzichtbar!!!

Mit ihm holt ihr nur positive Dinge in euer Leben und er hilft bei göttlicher Gerechtigkeit, wenn es unverschuldete Probleme gibt!

Als Trost-, Freuden- und Mutspender macht er auch noch alle Ehre!

Nicht zu Unrecht einer der beliebtesten Heilsteine!

Wenn ihr jetzt die AMETHYST ENERGIE möchtet, kauft euch einen solchen Heilstein und tragt ihn bei euch, legt ihn nachts unter euer Kopfkissen, er ist auch an der Kette zu tragen als Talisman oder einfach einen Amethysten ins Wasser legen, dann gehen seine Informationen auf das Wasser über. Dieses Wasser könnt ihr zum Trinken, zum Behandeln, für Blumen, Tiere etc. verwenden!!!

KOMMEN WIR ZU EINEM ANDEREN BESONDEREN HEILSTEIN, DEM BERNSTEIN:

Um ihn ranken sich ja Legenden wie ihr wisst... (Bernsteinzimmer)

Doch was ist dran an ihm? Ich erzähle es euch gerne!

Er ist deshalb schon etwas Besonderes, weil er entflammbar ist!

Das Wort BERN kommt aus dem alten deutschen Wort „Bernen" was so viel wie brennen heißt. Jetzt wisst ihr auch, warum er so heißt!

Er hat von je her die Menschen fasziniert und sie in ihren Bann gezogen!

Ich habe von einer lieben Freundin einmal eine flüssige Bernstein Essenz geschenkt gekommen. Die hat eine Schwingung!

Das haut einen fast aus den Schuhen... (zum Glück nur fast...)

Wenn man mit Bernstein oder Bernstein Essenz räuchert, geht im wahrsten Sinne des Wortes die Post ab! Da kann sich nichts Negatives mehr halten!

Dunkle Wesen fürchten die Bernstein Räucherung wie der T. das Weihwasser... Doch jetzt hab ich ihn lange genug in den Himmel gehoben.

Jetzt sag ich euch mal, was alles noch an und in ihm ist, was wir benutzen können:

Wenn du ihn auf der Haut trägst, spürst du sofort eine wohlig warme Wärme, die von ihm liebevoll und doch durchdringend ausgeht und vom Körper aufgenommen wird.

Das lässt ihn zu einem der besten Heilsteine werden, wenn es darum geht, Hauterkrankungen jeglicher Art liebevoll umzuwandeln. Aber auch bei Allergien greift er genau so liebevoll auf das gesamte Körpersystem ein. Wenn der Mensch , der ihn benutzt, positive Energien mit hineingibt in die Behandlung, geht es natürlich wesentlich schneller!

Lästig sind die Pollen, die so im Frühling und auch zu anderen Zeiten rumfliegen, als hätten sie nichts Besseres zu tun, gell?

Doch damit ist Schluss mit Lustig jetzt: Das Thema Heuschnupfen und Allergien auf Pollen können durch das Tragen eines Bernsteines gelindert werden, und mit ein wenig Hilfe sogar komplett verschwinden…

Hört sich klasse an? Dann sag ich euch auch noch die passenden AFFIRMATIONEN dazu:

„Ich vergebe mir selbst alles was ich mir angetan habe"

„Ich vergebe allen Menschen und Wesenheiten die mir etwas angetan haben und lasse los!"

„Ich bitte inständig alle um Vergebung, denen ich etwas angetan habe und dass sie mir verzeihen mögen!"

„Ich danke dem lieben Gott inständig und voller Demut, dass ich meine „Altlasten" aus diesem und früheren Leben jetzt lösen darf und bedanke mich aus tiefsten Herzen beim Vater. So ist es und so sei es! JESUS CHRISTUS IST SIEGER! JESUS CHRISTUS IST SIEGER! JESUS CHRISTUS IST DER SIEGER!"

Manchmal reicht es schon aus, diese vier Gebete in demütiger, inständiger Weise einmal zu sprechen und der Vater vergibt alles Alte.

Dadurch lösen sich auch die Allergien und Pollengeschichten, denn sie sind nichts anderes als eine Resonanz auf etwas, das wir noch nicht bereinigt haben.

Ich möchte aber noch kurz erwähnen, dass mein Freund der Bernstein auch bei Bauchschmerzen, Rückenschmerzen, Gicht, Rheuma und sogar bei Arthritis helfen kann.

Geschweige denn als Bernsteinkette beim Zahnen der Babys… Aber das wissen ja bestimmt alle Mütter…

Auch auf die Psyche wirkt er sehr harmonisch und ausgleichend. Er inspiriert, hilft Energie in den Körper, die Seele und das Herz zu bringen (wink…"Herzens-Energie") und steigert die Liebes- und Heilungsenergie in Form von wohlig warmer, kuscheliger Wärme…

Ich muss immer lachen, da Waagegeborene sich brennend (nicht wörtlich nehmen…) für ihn interessieren, da sie ja die Schwierigkeit haben, sich nicht entscheiden zu können (ich habe es glücklicherweise gelernt durch eiserne Disziplin), da der Bernstein die Entscheidungsfähigkeit eines Menschen massiv forciert!

Und last but not least, hilft er bei Depressionen, da er das Gemüt eines Menschen aufheitert und ihm positive, lichtvolle Gedanken schenkt.

Ach ja, er ist mit der Solarplexus Chakra Energie verbunden.

Wenn ihr jetzt die BERNSTEIN ENERGIE möchtet, kauft euch einen solchen Heilstein und tragt ihn bei euch, legt ihn nachts unter euer Kopfkissen, er ist auch an der Kette zu tragen als Talisman oder einfach einen Bernstein ins Wasser legen, dann gehen seine Informationen auf das Wasser über. Dieses Wasser könnt ihr zum Trinken, zum Behandeln, für Blumen, Tiere etc. verwenden!!!

KOMMEN WIR JETZT ZUM HÄMATITEN, DEN BLUTSTEIN:

Er ist sehr bekannt und verhältnismäßig weit verbreitet.

Die alten Ägypter kannten ihn und legten ihn mit ins Grab ihrer Pharaonen, heißt es. Laut der Überlieferung soll er vor fast allen Krankheiten schützen!

Mit so einem Attribut ausgestattet, wird er natürlich oft verkauft.

Nun, er hat besondere Energien. Ich kann ihn nur wärmstens empfehlen, denn er hat auch einen maßgeblichen Einfluss auf die Regulierung des Blutdrucks und hilft bei Blutstauungen und Gefäßverengungen im Körper

Als Tipp sage ich euch jetzt, dass er hammermäßig funktioniert, wenn er um den Hals getragen wird. Besonders bei den Jugendlichen und Kindern (nein, ich sage jetzt nicht Kiddies…) fördert er die Spontanität und die ehrliche, aufrichtige Lebensfreude, indem er wie ein gigantischer Schutzschild sich über der Aura des Menschen, der ihn trägt, aufbaut und so vor negativen Gedanken anderer Menschen und Fremdeinwirkungen schützt!

Er ist auch ein Meister im Neutralisieren anderer Steine, indem er mit ihnen zusammen erst unter Wasser gehalten wird und dann zusammen in der Sonne liegt (er neutralisiert die anderen Steine und dann werden sie mit Sonnenlicht „betankt"…)

Zuständigkeitsbereich ist das Wurzelchakra übrigens.

Wenn ihr jetzt die HÄMATIT ENERGIE möchtet, kauft euch einen solchen Heilstein und tragt ihn bei euch, legt ihn nachts unter euer Kopfkissen, er ist auch an der Kette zu tragen als Talisman oder einfach einen Hämatit ins

Wasser legen, dann gehen seine Informationen auf das Wasser über. Dieses Wasser könnt ihr zum Trinken, zum Behandeln, für Blumen, Tiere etc. verwenden!!!

KOMMEN WIR ZUM SCHLUSS DER KLEINEN EDELSTEIN BESPRECHUNG ZUM EINEM ANDEREN FREUND VON MIR: DEM HERKIMER DIAMANTEN:

Tja, er ist berühmt und selten (das nur vorweg!)

Denn es gibt nur eine einzige Stelle wo er abgebaut wird und das, wie es sich gehört, in Handarbeit! (Im Herkimer County, im Staat New York, drüben in den Staaten)

Nach dem County hat er wohl auch seinen Namen. Er wurde ursprünglich für einen Diamanten gehalten, da er so aussah. Aber in Wirklichkeit ist er ein Heilstein mit einer großen Härtezahl. Auch dieser (ist ein Doppelender in der Regel) macht als Heilstein nur die feinste, reinste Arbeit!

Bei ihm muss ich etwas ausholen, denn es gibt so einiges, was er kann und macht:

Durch das Tragen des Herkimers bekommst du viel geistige Kraft, deine Klarheit und Sicht der Dinge festigt sich, deine Vitalität erhöht sich enorm, du hast einen geistigen und physischen Ausgleich auf der Körper- und Seelenebene und das Nervensystem wird ebenfalls gestärkt!
Desweiteren wird deine Entschlussfähigkeit und die innere Klarheit Dinge zu sehen und zu tun gestärkt.
Er ist so etwas wie ein „Power Booster", er schiebt dich an und dauernd fließt Energie nach!
Benutze ihn deshalb liebevoll und lass ihn spüren, dass du ihn lieb hast, dann gibt er „sein letztes Hemd" für dich!
Er hat eine Eigenschaft, die meines Wissens nach nur er besitzt, nämlich die Fähigkeit, in die Zukunft blicken zu können, so weit es im Lebensplan erlaubt ist. Da er aber ein Doppelender ist, geht das gleiche auch in die andere Richtung: Sprich Vergangenheit!
Dort zeigt er dir haarklein auf, was du noch alles zu lösen hast und lösen darfst. Er konfrontiert dich heftigst mit allem noch zu Erlösenden!
Sei dir also im Klaren, wenn du ihn benutzt, gibt es keinen Weg zurück!

79

Er hilft uns aber ebenfalls, unsere Vergangenheit zu bewältigen, und daraus zu lernen und die richtigen Schritte Richtung Zukunft zu gehen, aber trotzdem fest geerdet und verwurzelt im Hier und Jetzt zu sein.

Eins hat er aber auch noch und das ist auch was Wunderbares: Leg über Nacht einen Herkimer in ein Glas Wasser. Am nächsten Tag trinkst du das Wasser. Ist dir so wie immer, bist du frei von irgendwelchen heftigen Krankheiten (inklusive Krebs) Wird dir aber innerhalb der nächsten 2-3 Stunden schlecht, übergibst du dich oder passiert sonst etwas Unangenehmes, dann gehe bitte zum Arzt und lass dich durchchecken. Er ist auch eine Art Frühwarnsystem für Krankheiten! Wenn ihr jetzt die HERKIMER ENERGIE möchtet, kauft euch einen solchen Heilstein und tragt ihn bei euch, legt ihn nachts unter euer Kopfkissen, er ist auch an der Kette zu tragen als Talisman oder einfach einen Herkimer ins Wasser legen, dann gehen seine Informationen auf das Wasser über. Dieses Wasser könnt ihr zum Trinken, zum Behandeln, für Blumen, Tiere etc. verwenden!!!

Das waren die meiner Meinung nach wichtigsten Edelsteine und die Aufzeigemöglichkeit, wie ihr deren Energie nutzen könnt.

UPDATE 2024: Ich möchte hier unbedingt noch drei Steine erwähnen:

Der EDEL-SCHUNGIT, der SCHUNGIT und der WEIßE BARYT aus Madagaskar! Den Edelschungit haben wir ständig in der Wasserkaraffe liegen. Er schützt uns, reinigt das Wasser und ist, wie gesagt, einer der stärksten Heilsteine weltweit! Der Schungit ist sein „kleiner Bruder". Er arbeitet ähnlich, nur etwas schwächer, aber trotzdem noch sehr, sehr stark!

Der weiße Baryt aus Madagaskar hält Elektro-Smog fern, ist der optimale Schutz am PC (neben dem schwarzen Turmalin). Bei mir liegen beide unter dem Monitor. Der Radius ist groß genug für ein 12 qm Zimmer…

Im nächsten Kapitel geht es um die wichtige Thematik der Erdung.

10. Kapitel: Richtige Erdung ist wichtig:

Viele spirituell-interessierte Menschen sind wunderbar im geistigen Denken, geistigen Reisen und Lichtsenden. Doch meistens fehlt ihnen die richtige Erdung:

Denn ohne diese immens wichtige Erdung ist kein richtiges Leben, geschweige denn ENERGIE TANKEN möglich, da ihr ohne vernünftige Erdung euch in etwa verhaltet, wie ein Baum ohne Wurzeln. Jeder kleine Windsturm wirft euch aus der Bahn...

Und das wollen wir ja schließlich nicht! Deshalb lege ich euch das „richtig geerdet sein" so sehr ans Herz! Da es verschiedene Übungen gibt, lege ich euch alle mal „vor die Füße"...

Übung Nummer Eins ist wohl die klassische Erdung:

Ihr besorgt euch eine schöne Musik, wo wirklich noch von Hand getrommelt wird. Keine synthetisch erzeugten Klänge. Es funktioniert auch mit Didgeridoo Musik! Dann lasst diese Musik laufen (so laut wie es erlaubt ist und eure Ohren aushalten)

Ihr stellt euch dann mit nackten Füßen hin und fühlt in die Musik hinein. Wenn ihr in der Schwingung „drin" seit, schließt eure Augen und stellt euch vor, ein Baum zu sein (ihr könnt euch ja an euren Lieblingsbaum erinnern...)
Jetzt sprecht folgendes:

ICH BIN EIN BAUM.
MEINE WURZELN GEHEN IN DIE ERDE.
TIEFER UND TIEFER UND TIEFER.

Dabei stellt ihr euch vor, wie aus euren Füßen Wurzeln wachsen und sich im Boden verankern.
Etwa 5 Minuten mindestens machen. Dann seit ihr wunderbar geerdet.
Ich empfehle die Übung am Anfang täglich zu machen, später reicht es, sie nur dann zu wiederholen, wenn ihr spürt, dass euch die Erdung fehlt und ihr das Gefühl habt, ihr „driftet" nach oben weg...

Selbstverständlich könnt ihr auch selber trommeln oder Didgeridoo spielen, wie ich es immer mache… (ich trommle jeden Tag und singe dazu…) Macht riesigen Spaß und erdet wunderbar!

Die nächste Übung ist auch eine wunderbare Erdungstechnik:

Ihr stellt euch möglichst barfuß (aber bitte immer ohne Schuhe, wenn ihr Socken anbehalten wollt, dann fließt die Erdungsenergie besser. Solltet ihr sie im Freien machen und es draußen kalt ist, könnt ihr aber die Schuhe anbehalten. Es kann nur sein, dass es dann länger dauert…) hin und sprecht folgenden Satz:

„Ich nehme die Kraft der Erde in meinen Körper auf, und öffne mich dem Licht des Himmels."

Diesen Satz sprecht ihr etwa fünf bis sieben Mal.

Dann greift ihr mit euren Händen Richtung Boden und hebt die Kraft der Erde zu euch hoch, berührt euer Gesicht und streckt sie dann über euren Kopf und spreizt sie auseinander, so dass ein Ypsilon entsteht. Das macht ihr wie gesagt etwa fünf bis sieben Mal.

Beim letzten Mal steht man dann etwa 2-5 Minuten mit geöffneten Armen wie ein Ypsilon so da und spürt in sich hinein bis man das Licht spürt und die Erdung im ganzen Körper angekommen ist.

Übung Nummer Drei ist auch etwas Wunderbares!

Ihr geht barfuß durch das morgendliche Gras und spürt den Tau zwischen euren Füßen. Ich empfehle es mindestens fünf Minuten zu machen. Höchstens aber 30 Minuten (das aber nur im Sommer oder wenn man abgehärtet ist).

Übung Nummer Vier ist etwas für die Tänzer unter euch: Tanzt barfuß! Egal ob draußen oder drinnen! Einfach barfuß tanzen! Das erdet auch ungemein! Barfuß gärtnern ist Übung Nummer Fünf!

Egal wie lange… Eine Super Erdung!!! Dann noch Übung Nummer Sechs!

Ihr stellt euch in einen Raum (oder zelebriert es auch draußen im Freien).
Dann sagt ihr: „Ich nehme mir jetzt den Raum, der mir zusteht."

Dann greift ihr nach allen Richtungen um euch herum und versucht, dort die
Luft aus dem Raum zu nehmen. Das macht ihr solange, bis ihr richtig gut
geerdet seid…

Jetzt noch die Nummer Sieben…

(sozusagen die „Power-Variante" von Nummer Eins…)
Eure Wurzeln wachsen jetzt bei heftiger Trommel- oder Didgeridoomusik
aus den Fußsohlen. Es sind meistens 2 dickere Stränge mit mehreren
kleineren Verästelungen dran.

Jetzt last ihr die kleineren Verästelungen nicht so tief in die Erde laufen,
sondern sie jetzt seitlich in alle Richtungen wachsen lassen und sich dabei
nach rechts und links enorm auszudehnen.

Bei den beiden dickeren Strängen stellt ihr euch jetzt vor, wie sie ganz tief in
den Boden weiter wachsen. Jetzt kommt es auf eure Vorstellungskraft an,
denn falls ihr echt super starke Erdung braucht, lasst diese beiden Stränge
immer weiter in den Boden wachsen. Jemand sagte mir mal, er habe sie bis
zum Mittelpunkt der Erde wachsen lassen. Das fand ich echt krass!
Aber es kommt noch dicker: Dort lagen so zwei Hinkelsteine, also riesige
Steine wie sie Obelix immer mit sich rumschleppt und dort hatte er die
Wurzeln drunter gelegt. Sie konnten also nicht mehr weg…
Das nannte er dann „Hyper-Power-Mega-Erdung"…
Durch die kleineren Verästelungen könnt ihr schön einen Gleichklang mit
euch und eurem Körper erreichen…
Das ist aber nur eine Übung für Profis mit einer sensationell guten
Vorstellungsgabe!

11. Kapitel: Wie geht es weltweit weiter?

UPDATE: Wir schreiben das Jahr 2024!

Fast schon 12 Jahre ist es her, seit der Maya Kalender am 21.12.2012 endete… Ein großer Erdzyklus war da zu Ende!

Knapp 26.000 Erdenjahre. Genauer gesagt endete dort ein kosmischer Zyklus von 25920 Jahren. Dieser Zyklus beschreibt die Wanderung der Sonne durch alle 12 Tierkreiszeichen. (Pro Tierkreiszeichen sind es genau 2160 Jahre.)

Interessanterweise haben auch die Tibeter, die alten Ägypter, die Cherokee- und die Hopi-Indianer ebenfalls einen solchen 25.920 Jahre währenden Zyklus.

Seit dem 22.12.2012 haben wir eine neue Zeitrechnung!

Der Mayakalender benutzt zwei Zeitrechnungen: eine kurze Messung, um tägliche und jährliche Zeitabläufe zu messen, und eine lange Messung, die für sie von spiritueller und religiöser Bedeutung war. Ihre kurze Zeitrechnung dauerte immer 13 Monate zu jeweils 28 Tagen, was dadurch 364 Tage sind. Der fehlende Tag wiederum wurde durch einen extra stattfindenden "Tag außer der Zeit" ergänzt, welcher nach unserem Kalender dem 26. Juli entspricht. Wir machen meistens an diesem Tag eine spirituelle Feier, wo wir besondere Dinge tun, wie z.B. Heilungsrituale für die Erde machen. Dann gibt es eine weitere Maßeinheit von 260 Tagen, also (13 x 20 Tagen = 260 Tage), die sowohl für die kurze also auch für die lange Zeitrechnung der Maya von Bedeutung ist. Diesen Kalender nennt man Tzolkin. Genau dieser Tzolkin ist der heilige Kalender der Mayas. Er besteht aus 13 Tönen und 20 Siegeln. Sie laufen in einem doppelt synchronen Muster zu allen der möglichen 260, Kombinationen und werden dort vereinigt. Zu jedem der 13 Töne und 20 Siegel wird eine bestimmte Eigenschaft zugeordnet. Dadurch enthält jeder Tag des Tzolkin Kalenders eine eigene Qualität. Ich hatte eine Kopie dieses Tzolkin Kalender und ihn einem Freund von mir gegeben Sie strahlen heilende Energie aus!

So sehen sie aus!

Haltet einfach mal eure Hand darüber… (dieser Kalender hing früher in meinem Arbeitszimmer …) **(Da aber die Energie eines Fotos ausreichend ist, wirkt er immer noch, obwohl ich den Teller weitergegeben habe, Update 2024)**

Es ist jetzt die Zeit zum Übergang ins Wassermannzeitalter und alles ändert sich.

Wirklich alles?

Nun, die Zeit vergeht schneller und die Schwingung erhöht sich in Schüben und Intervallen.

(Update 2024: Jetzt merkt man das noch viel schneller als vor 12 Jahren...)

Ähnlich wie viele Menschen gedacht haben, 1998 würde was heftiges passieren (da dort die Zahl des Tieres aus der Johannes Offenbarung der Bibel sich verdreifacht hatte

(666 x 3 = 1998

und viele an einen Weltuntergang glaubten), sowie das Szenario kaum zwei Jahre später, beim Übergang von 1999 ins Jahr 2000 auch viele Angst- und Panikszenarien die Runde machten.

Aber auch mit dem Ende des Mayakalenders zur Wintersonnenwende des Jahres 2012 passierte nichts auf weltlicher Ebene, nur feinstofflich....

Wer waren denn die Mayas, dass dieses Datum eines Volkes aus Amerika so große Wellen schlagen konnte in der esoterisch-spirituellen Szene…

Es gibt viele Gerüchte und Legenden, die um die Mayas ranken…

Da ich mich schon sehr viele Jahre mit dieser Thematik beschäftige, habe ich auch einiges an Material und Hintergrundwissen dazu in meinem Kopf gesammelt.

Ob alles genau der Wahrheit voll und ganz entspricht, kann ich nicht sagen, denn das weiß außer GottVater niemand so genau.

Fakt ist jedoch, dass es ein außergewöhnliches Volk war!

Entweder kamen sie als ganzes Volk zur Erde oder „nur" ihre Lehrmeister.

Ihre Pyramiden konnten nur mit Hilfe von sogenannten außerirdischen Baumeistern gebaut werden.

Chichén Itzá beispielsweise ist die größte ausgegrabene Ruinenanlage der Maya, die mindestens 5 Quadratkilometer groß ist. Sie ist einmalig schön und wurde von der UNESCO zum Weltkulturerbe ernannt.

Eines der beeindruckendsten Gebäude dort ist die 30 m hohe Pyramide "El Castillo". Es ist meine absolute Lieblingspyramide der Erde. Den Namen erhielt sie von den Spaniern damals deshalb, weil sie fast immer das größte Bauwerk einer Ruinenstätte "El Castillo", also: die Burg, nannten..

Diese Pyramide wird auch "Tempel des Kukulkán" oder Pyramides der gefiederten Schlange, des Sonnengottes Quetzalcoatl, genannt. Sie steht im nördlichen Teil der Anlage von Chichén Itzá. Sie wurde über einer bereits bestehenden Pyramide errichtet, was jedoch äußerlich nicht zu erkennen ist. Diese Kukulkán-Pyramide beeindruckt nicht nur wegen ihrer architektonischen Form, sondern auch, weil sie den wohl genauesten Kalender darstellt:

Sie weist 9 Terrassenabsätze auf.

Außerdem hat sie 4 Stufenaufgänge und einen quadratischen Grundriss von 50 x 55 m.

Jede Treppe hat 91 Stufen.

Bemerkenswert ist das „Schauspiel der gefiederten Schlange". Dieses ist in jedem Jahr zur Tagundnachtgleiche (21. März und 23. September) zu bestaunen. Der Schatten der gestuften Pyramidenkanten fällt dabei auf die Wange einer der Treppen. Dabei entsteht der Eindruck, als würde sich dort eine Schlange langsam hinunterwinden. Das Treppenende ist dementsprechend durch einen steinernen Schlangenkopf gestaltet.

Die Pyramide darf heutzutage nicht mehr bestiegen werden und auch die Zugänge zum früheren Tempel sind ebenfalls nicht mehr gestattet.

Jetzt flechte ich hier gleich die erste Heilenergie Essenz ein.

Geht mal mit euren Fingern über das Bild der Pyramide und fühlt ihre Energie.

Wenn ihr jetzt mit eurem Herzen fühlt, spürt ihr diese Liebesenergie!

Die Mayas waren Baumeister und hatten gute Lehrer!

Die Wind-Energie ist die Energie, die das kosmische Bewusstsein hier trägt.

Denn: ALLES IST GUT!

Wer mit dem Herzen denkt und fühlt, ist immer beschützt!

Kommen wir von den Mayas von damals zu dem Mayakalender in die heutige Zeit!

Jede der 4 Stufenaufgänge hat 91 Stufen, wie gesagt.

Das sind dann (91 x 4 = 364) 364 Stufen plus die oberste Plattform als 365. Stufe.

Die 52 Wochen die ein Sonnenjahr hat, werden durch die 52 Platten an den Seiten der Pyramide dargestellt.

Waren wirklich clever – die außerirdischen Baumeister mit ihrem Anführer Quetzalcoatl, der „gefiederten Schlange"…

Jetzt möchte ich kurz darauf kommen, warum es jetzt auch noch geht:

Die Bevölkerungsexplosion hat seit dem Jahre 1900 drastisch zugenommen. Waren es damals etwa 1,5 Milliarden Menschen, haben wir die 7 Milliarden Grenze angeblich schon erreicht.

Nur: Es gibt in vielen Ländern der Erde keine korrekten Zählungen...

So viele Menschen wie heutzutage waren angeblich noch nie auf der Erde in keiner Zeit angesiedelt!

Es drängen viele Seelen zur Erde, da sie diese Zeit, in der wir jetzt wohnen, unbedingt miterleben wollen!

Wir brauchen eine Lösung, denn so wie es jetzt in 2024 ist, kann es nicht weitergehen...

Der Materialismus hat derart zugenommen, dass es so nicht mehr weiter gehen kann!

Die wahren Werte, die es vor 250-300 Jahren noch gab, wurden durch die Industrialisierung und die stetig wachsenden Probleme verdrängt.

Heutzutage geht es immer darum, noch schneller, noch mehr Rendite, noch mehr Leistung zu bringen.

Das ruhige, beschauliche Leben im Einklang mit der Natur fehlt fast völlig!

Deshalb steigen auch immer mehr Menschen aus und bemühen sich wieder zur Natur, zur Einfachheit zurück zu finden!

Ohne Kommerz im TV und im hektischen Alltag, einfach das liebevolle, friedfertige Leben in ruhiger Harmonie außerhalb von Stress und Disharmonie.

Und da Gleiches bekanntlich Gleiches anzieht, ist es ja so, dass solche Menschen sich suchen und finden.

In Gruppen und Gemeinschaften werden ökologische und spirituelle Produkte auf die Beine gestellt, die im Einklang mit der Natur und unserem Schöpfer stehen.

Jetzt kommt auch wie so oft in diesem Buch, auch die „HERZENS-ENERGIE" ins Spiel!

Denn ohne sie läuft gar nichts!

Wer nur an den Mammon denkt und das Herz außen vor lässt, kann zwar kurzfristige materielle „Freude" erreichen, aber mehr auch nicht!

Denn ohne das Herz fließt keine wahre (Herzens)Liebe und ohne (Herzens)Liebe fließt auch keine Herzens-Energie…

Ihr seht, es ist ein Kreislauf!

Aber ein positiver Kreislauf, wenn man erst einmal den Weg des Herzens geht, mit der wahren Herzensliebe und dem damit verbundenen fließen und fließen lassen der HERZENS-ENERGIE!

Ihr seht, ich kann es schreiben und formulieren wie ich will: Ohne Herzens-Energie läuft nichts Positives!

Die Liebe im Herzen ist etwas Einmaliges!

Diese gilt es zu beschützen und bewahren!

Auch 2024 sage ich euch:

Natürlich geht die Welt nicht unter!!!

Untergangspropheten gab es immer schon zu jeder Zeit!

Es herrscht zur Zeit große Angst vor einem dritten Weltkrieg!

Das ist die tief verborgene Angst, die in vielen, vielen Menschen sitzt!

Früher dachte man, die Welt könnte ihnen auf den Kopf fallen…

Das POSITIVE an dieser ganzen „Endzeitstimmung" ist, das viele Menschen jetzt wieder andere Ziele und Werte haben:

Sie trachten nicht mehr nach Reichtum und Macht, sondern spüren, dass diese Schwingungserhöhung, in der ALLE Menschen stecken, nur bewältigt werden kann, wenn sie lernen, sich ihr anzupassen…

Wie geht so etwas von statten?

Nun: Zuerst einmal darf man an sich selber arbeiten!

Positive Dinge tun, Frieden vorleben und auch aussenden, Herzensliebe empfangen und aussenden und vieles mehr…

Denn das Resonanzgesetz, dass mehr unter dem Namen KARMA bekannt ist, besagt, dass alles was wir an guten Dingen tun, vielfach zu uns zurück kommt.

Ebenso verhält es sich mit den negativen Dingen…

Wir haben es also selbst in der Hand, ob wir die Schwingungserhöhung gut verkraften oder nicht…

Ich möchte euch den Ratschlag geben, euch nicht zu sehr auf bestimmte Daten zu konzentrieren, wie es leider viel zu viele Menschen machen.

Es gibt kein plötzliches „Hallo Wach!" und dann sind alle „guten" Menschen in der fünften Dichte, besser bekannt als Fünfte Dimension.

Es wird einen Übergang in die neue Zeit geben, aber dieser wird schleichend sein.

Denn bis es soweit ist, findet noch ein gewaltiger Kampf zwischen dem Licht und der Dunkelheit statt und wir sind mittendrin – im größten Abenteuer der Menschheit!

Ich habe das Gefühl, das im Laufe dieser Umwandlung die hier auf Erden vor sich geht, etwas ganz Neues entsteht...

Ich habe dazu eine sehr schöne Vision vor einigen Jahren gehabt, die ich euch nicht vorenthalten möchte:

Die Menschen unter uns, die sich an die Schwingungserhöhung anpassen, werden mit vielen anderen Seelen, die dann auf einer neuen Erde (???) inkarnieren, eine völlig neue Zivilisation gründen. Eine Zivilisation, die nur von Licht, Liebe und Frieden geleitet wird. Dabei wird sich das Leben auf der neuen Erde in den nächsten hundert bis zweihundert Jahren so sehr lichtvoll verändern, dass wir es nicht wiedererkennen werden würden, zeigte man es uns in einer Vorschau als Kinofilm oder Dokumentation im Fernsehen!

Es gibt dann nur noch freie Energie, die für alle kostenlos zur Verfügung steht.

Menschen leben dann in kleinen Dörfern oder Siedlungen zusammen.

Es gibt nur noch Frieden, Harmonie, Glück, (Herzens)Liebe und pure Freude!

Kinder werden über den Herzstrahl gezeugt!

Diese Seelen kommen dann mit dem vollen Bewusstsein zur Erde

Es gibt keine Feindschaft mehr!

Jeder gönnt jedem alles aus vollem Herzen!

Man arbeitet nur noch aus Freude!

Alle teilen alles mit den anderen Menschen!

Die Tiere, die dann noch auf der Erde leben, sind friedfertig und vertragen sich miteinander!

Es gibt kein Töten mehr untereinander!

Dann passiert symbolisch das, was schon in der Bibel steht:

Der Löwe liegt friedvoll neben dem Lamm…

Auf der Erde herrscht eine gleichbleibende Temperatur!

Etwa 25-29 Grad Celsius überall!

Es regnet nicht mehr und die Bewässerung der Felder findet durch andere Quellen statt.

Das Wasser, das wir Menschen dann trinken ist rein, wie ein kostbarer Juwel!

Es gibt nur noch eine Religion: Die Liebe zu unserem Schöpfer und wir sind mit allen (außerirdischen) Lebensformen verbunden, die auf der gleichen Entwicklungsstufe oder auch höher.

Es gibt kein Geld mehr!

Die Erde hat zwar noch liebevolle Anführer, obwohl dieser Ausdruck nicht richtig ist, sondern eher das Wort Lenker und Vermittler, die in Übereinstimmung von allen bestimmt werden.

Da jeder dann das macht, was er/sie am besten kann, ist überall nur noch Freude und Zufriedenheit in Verbindung der HERZENS-ENERGIE LIEBE!

Auch das optische Bild von unserer Erde hat sich verändert!

Immer wenn ich die neue Erde in einer Meditation oder Vision sehe, leuchtet sie wundervoll und überall ist es grün!

Deshalb nenne ich sie immer scherzhaft die „grüne Erde"…

Sie ist völlig mit Licht durchzogen und wunderschön!

Die Zeit des Schulungsplaneten Erde ist vorbei!

Die Erde darf dann einfach „SEIN" und liebevoll leben und voller Freude im Herzen erblühen und gedeihen!

Mann kann es sich mit der Transformation der „alten" Erde zur neuen so vorstellen, wie ein wunderschöner leuchtender Schmetterling, der aus einer Raupe entstand!

Die Erde erblüht zur wahren Schönheit, ebenso wie der Mensch, der dann auf ihr lebt.

Deshalb lasst uns regelmäßig „HERZENS-ENERGIE" tanken und sie mit unserer Erde und allen Lebensformen teilen, die sie brauchen, denn wir bekommen immer mehr als wir gebrauchen können, wenn wir im Einklang mit dem Willen des Vaters leben und liebevoll damit umgehen!

Jetzt, wo ich meine Vision von der neuen Erde mit euch geteilt habe, könnt ihr vielleicht erahnen, welch wunderschönen Dinge und Vorgänge da auf uns warten.

Lassen wir sie so wahr werden, indem wir alle mithelfen, unsere Erde in ihrer Schwingung wachsen zu lassen und alles Negative aus unserem Leben liebevoll zu entfernen…

Wir haben es in der Hand viel Gutes zu tun!

Zuerst laden wir unsere Herzen und unsere Körper mit der heilbringenden „HERZENS-ENERGIE" auf und dann lassen wir sie fließen und fließen und fließen…

Denn für alles was wir in Liebe tun, werden wir von GottVater hundert und tausendfach belohnt und bekommen es mehr als reichlich zurück!

Ich möchte dieses Buch mit einem Herzensgebet beenden, damit es vielen von euch in Liebe helfen kann oder darf.

GELIEBTER VATER

WIR DANKEN DIR VON HERZEN

DAS DU UNS TEILHABEN LÄSST

AN DEINER IMMERWÄHRENDEN LIEBE

DIE SO HEILEND UND LIEBEVOLL

DURCH UNSERE HERZEN UND SEELEN STRÖMT

UND UNS SO STARK MIT DEINER LIEBE VERBINDET

UND UNS HILFT, ALLES LIEBEVOLL

ZU VERTEILEN UND WEITER FLIEßEN ZU LASSEN,

AUF DASS ALLES DORTHIN GELANGT, WO DU ES VORGESEHEN HAST.

IN DEMÜTIGER, INNIGER LIEBE UND UMARMUNG!

DEIN KIND (...) (dort bitte euren Namen eintragen!)

ICH WÜNSCHE EUCH VON HERZEN, DASS ALLE EURE HERZENS-ENERGIEN ÜBERFLUTET WERDEN UND IHR SIE LIEBEVOLL TEILEN KÖNNT!

HERZlich, euer Johannes Allgäuer

UPDATE 2024:

Wie ich schon im Buch ankündigte, kommen jetzt noch Updates von mir:

Wir haben Frühjahr 2024:

Ich habe dieses Buch auf Wunsch wieder veröffentlicht und kleine Anpassungen gemacht (besonders beim chinesischen Horoskop, da es ja nicht bis in die Zukunft reichte).

Ich möchte euch noch mehrere wichtige Dinge empfehlen, die ich mittlerweile baue, um auch u.a. die HERZENS-ENERGIE besser fließen zu lassen…

Nun, da ist erst einmal mein neuer ORGON-STRAHLER, den ich jetzt nur noch mit der Liebesenergie von GOTTVATER über das tiefe innige Gebet auflade und er stärker denn je ist. Dazu stellt uns der VATER für jeden Orgon-Strahler einen Orgon-Engel zur Seite, mit dem dann frei von Kabeln oder Anschlüssen gearbeitet werden kann, plus zwei Handelektroden, die auch kabellos funktionieren und die gleiche Orgon-Energie vom VATER in sich tragen. Meine Orgonstrahler können nur gute, positive Energie aussenden!

Preis: 200 Euro zzgl. Versandkosten

(Hier seht ihr meinen neuen Orgonstrahler plus den 2 Handelektroden)

Desweiteren habe ich auch noch zwei Energie-Stäbe entwickelt – sozusagen als Ergänzung zum Orgonstrahler. Da ist zum Einen der schon erwähnte Chlorophyll-Stab, den ich in einer tiefen Meditation sah und auch, warum er so wichtig ist:

Der Chlorophyll-Stab

Durch eine Eingebung im Traum kam ich auf die Idee, einen Chlorophyll-Strahler zu bauen, denn nicht nur die Natur braucht Chlorophyll, sondern auch der Mensch und das Tier. Mit der Erlaubnis und Hilfe von unserem geliebten VATER in JESUS CHRISTUS, habe ich dann den Chlorophyll-Stab entwickelt. Er strahlt Mensch, Tier und Natur die Menge an reinstem Chlorophyll ein, die gebraucht wird. Ich habe ihn so aufgeladen, dass er momentan bis zu 200.000 Bovis-Einheiten einstrahlen kann, wobei er nach oben hin offen ist und im Bedarfsfall auch höhere Mengen einstrahlt. Er passt sich jeweils an Mensch, Tier und Natur an und dadurch gibt es kein Überdosieren. Es wird nur gute, positive Energie eingestrahlt. Wie bei allen Orgonstrahlern kann es kurzzeitig zu Erstverschlimmerungen und stärkeren Reinigungen kommen, da der Körper sich erst an die neue Energie gewöhnen muss. Alle, die ihn getestet haben oder schon besitzen, sind begeistert von ihm! Man bekommt dauerhaft reines Chlorophyll feinstofflich eingestrahlt, was Mensch, Tier und Natur gut tut!

Einige von euch, die schon den neuen Orgonstrahler bei mir bestellt haben, sind über die Ergänzung des Chlorophyll-Stabes sehr begeistert, da er eine Lücke geschlossen hat, denn der Orgonstrahler ist meistens mit anderen Dingen beschäftigt und so kann der Chlorophyll-Strahler permanent Gutes tun, als Ergänzung zum Orgonstrahler. (Dieser Stab ist grün, sieht man auf s/w nicht so gut).

Er kostet 200 Euro zzgl. Versandkosten.

Der Energie-Stab

Dieser Energie-Stab beinhaltet auf feinstoffliche Weise alle Mineralien, Vitamine, Spurenelemente, Metalle und alles andere, was der Körper auch braucht. Der Körper nimmt sich immer nur das heraus, was er benötigt. Er startet bei 5000 Bovis-Einheiten und geht bis 350.000 Bovis-Einheiten hoch, sofern der Mensch das aushält. Er ist intelligent und mitdenkend, da er sich jeweils an die entsprechenden Situationen anpasst. Es gibt KEIN Überdosieren! Einige Minuten täglich reichen zum Aufladen des Körpers.

Er kostet 200 Euro zzgl. Versandkosten.

Bestellungen unter: orgon-strahler (ät) gmx.de

Unsere Internet Seite, wo ihr farbige Bilder seht:

orgonstrahler(Punkt)weebly(Punkt)com